A MENTE E A MEMÓRIA

A. R. Luria

A MENTE E A MEMÓRIA
Um pequeno livro sobre uma vasta memória

Apresentação JEROME S. BRUNER
Tradução CLAUDIA BERLINER

Título do original americano: THE MIND OF A MNEMONIST.
Copyright © 1968 by Michael Cole, publicado por acordo
com Harvard University Press.
Copyright © 1999, Livraria Martins Fontes Editora Ltda.,
São Paulo, para a presente edição.

1ª edição 1999
3ª edição 2022

Tradução do inglês
CLAUDIA BERLINER

Revisão da tradução
Vadim Valentinovitch Nikitin
Jefferson Luiz Camargo
Acompanhamento editorial
Luzia Aparecida dos Santos
Revisões
Ana Maria de O. M. Barbosa
Ivany Picasso Batista
Dinarte Zorzanelli da Silva
Produção gráfica
Geraldo Alves
Paginação
Studio 3 Desenvolvimento Editorial
Capa
Marcos Lisboa

Dados Internacionais de Catalogação na Publicação (CIP)
(Câmara Brasileira do Livro, SP, Brasil)

Luria, Alexander Romanovich, 1902-1977.
  A mente e a memória : um pequeno livro sobre uma vasta memória / Alexander Romanovich Luria ; apresentação Jerome S. Bruner ; tradução Claudia Berliner. – 3. ed. – São Paulo : Editora WMF Martins Fontes, 2022. – (Textos de psicologia)

  Título original: The mind of a mnemonist.
  ISBN 978-85-469-0415-0

  1. Memória 2. Memória – Desordens – Estudos de caso
I. Bruner, Jerome, 1915-2016. S. II. Título. III. Série.

22-129465   CDD-616.858

Índices para catálogo sistemático:
1. Memória : Transtornos : Medicina   616.858

Cibele Maria Dias - Bibliotecária - CRB-8/9427

Todos os direitos desta edição reservados à
Editora WMF Martins Fontes Ltda.
Rua Prof. Laerte Ramos de Carvalho, 133 01325.030 São Paulo SP Brasil
Tel. (11) 3293.8150 e-mail: info@wmfmartinsfontes.com.br
http://www.wmfmartinsfontes.com.br

Índice

Apresentação da edição de 1987   IX
Apresentação da primeira edição   XIX
Prefácio   *1*

1. **Introdução**   *3*
2. **O começo da pesquisa**   *7*
3. **Sua memória**   *13*
   Os fatos iniciais   *13*
   Sinestesia   *18*
   Palavras e imagens   *25*
   Dificuldades   *33*
   Eidotécnica   *35*
   A arte de esquecer   *57*
4. **Seu mundo**   *63*
   Pessoas e coisas   *63*
   Palavras   *70*
5. **Sua mente**   *83*
   Seus pontos fortes   *84*
   Seus pontos fracos   *97*
6. **Seu controle do comportamento**   *121*
   Os dados objetivos   *121*
   Algumas palavras sobre a magia   *126*
7. **Sua personalidade**   *131*

>...Chegou a hora, disse a morsa, de falar sobre muitas coisas...
> LEWIS CARROLL
> *Do outro lado do espelho*

... Junto com a pequena Alice, atravessaremos a superfície lisa e fria do espelho e nos encontraremos num país das maravilhas, onde tudo é ao mesmo tempo familiar e reconhecível, ainda que tão estranho e incomum.

Apresentação da edição de 1987

Desde sua primeira publicação há cerca de vinte anos, este "livrinho", como Luria o chamava, tornou-se um clássico, um clássico em dois sentidos. Por um lado, tornou-se um clássico da literatura clínica sobre as patologias da memória e a importância dessas patologias para nossa compreensão da memória em geral. Isso, de certa forma, não era totalmente inesperado, pois Luria já aparecia naqueles anos como um dos mais talentosos observadores dos efeitos dos transtornos neurológicos sobre o funcionamento da mente humana. Por assim dizer, ele já garantira seu lugar entre os grandes: Hughlings Jackson, sir Henry Head, Kurt Goldstein e aquele pequeno grupo de neurologistas clínicos que tanto enriqueceram nossa compreensão das afasias, amnésias, apraxias e padecimentos afins. E hoje temos condições de compreender melhor a agudeza psicológica das observações e dos *insights* de Luria, pois nossos novos conhecimentos sobre a memória e seus mecanismos nos ajudam a reconhecer em que medida ele foi, no seu tempo, um visitante do futuro.

Mas o livro tornou-se um clássico também em outro sentido, talvez até mais interessante. Pode-se dizer que criou um gênero, não tanto um gênero científico, mas um gênero literário. Pois não foi apenas a acuidade técnica das observações de Luria que fez do livro um sucesso, mas a qualidade humana, a compaixão do autor ao reconhecer o infortúnio humano de seu paciente. Este não é um relato clínico impassível, mas uma interpretação humana do que significa para alguém viver com uma mente que registra meticulosamente os detalhes da experiência sem ser capaz, por assim dizer, de extrair do registro aquilo que ele significa, "o que quer dizer". Nesse sentido, o relato humano, embora cru, de Luria – ele gostava de chamar esse gênero de " ciência romântica" – remete ao espírito de um Kafka ou um Beckett escrevendo sobre personagens simbolicamente despojados da capacidade de encontrar significado no mundo. Dessa forma, S., o paciente de Luria neste livro, ocupa seu lugar ao lado de Joseph K., em *O processo*, ou na galeria de almas desoladas às quais Beckett deu vida em suas histórias e peças. Nessa nova aplicação, a "patologia" deixa de ser um terreno alheio à condição humana, tornando-se parte da própria condição humana. Em vez de excluir os doentes e deficientes do âmbito da explicação humana, perguntamo-nos, ao contrário, sobre seu universo subjetivo, sua epistemologia implícita, seus pressupostos. Eles deixam de ser "casos", e voltam a ser seres humanos. E tornam-se parte tanto da literatura quanto da ciência.

Esse novo gênero, essa maneira de compreender as conseqüências dos distúrbios corporais do homem não apenas como "síndromes orgânicas" mas como infortúnios humanos, atraiu, desde a publicação dos livros clássicos de Luria, novas e talentosas vozes. A obra *Tempo de despertar*, de Oliver Sacks, e os mais breves estudos de casos em seu mais recente *O homem que confundiu sua mulher com um chapéu*, foram diretamente inspirados por Luria. E Jonathan Miller produziu dois documentários comoventes e perspicazes para a BBC, um sobre um paciente gravemente afetado pelo mal de Parkinson, mas cheio de ânimo e empenho, e outro sobre um paciente com a síndrome de Korsakoff que se apega a seus conhecimentos pré-mórbidos. Ambos os filmes não se limitam a documentar "casos", mas explicam a banalidade e a coragem humanas diante de doenças incapacitantes. Até mesmo a pesquisa animal sobre a extirpação do encéfalo viu-se enriquecida, como no estudo clássico de Nick Humphrey sobre a macaca "Helen", no qual ele explora não apenas suas deficiências, mas também o modo como sua vida foi afetada por elas. Na tradição dos estudos de Luria, o pesquisador entra em contato com o tema – mais como colaborador do que como um aplicador de testes que visita sua jaula.

E assim, finalmente, instigados pelo espírito de Luria, estamos aprendendo a compreender os surdos, os cegos, os paralíticos, os mutilados – a compreendê-los como seres humanos que lidam ou não conseguem lidar com a condição humana, e não apenas como portadores de "um problema médico".

Suspeito, na verdade, que a invenção do novo gênero também reflete uma mudança de mentalidade em filosofia, um outro capítulo na luta para libertar as ciências humanas do enfadonho cativeiro do positivismo do século XIX. A explicação de qualquer condição humana está tão ligada ao contexto, é tão complexamente interpretativa em tantos níveis, que não pode ser alcançada considerando-se apenas segmentos isolados da vida *in vitro*, e nunca chegará, mesmo no melhor dos casos, a uma conclusão final para além da sombra da dúvida humana. Pois o ser humano de fato não é "uma ilha"*. Ele vive numa trama de transações, e suas possibilidades e tragédias originam-se em sua vida transacional. Demonstrou-se que a perda de memória na velhice, por exemplo, depende do quanto exigimos dos idosos em relação à sua memória. De modo semelhante, uma compilação erudita realizada por William Hirst mostra em que medida a restauração da memória na amnésia depende da vontade do doente de encontrar caminhos indiretos em seu perturbado repertório de lembranças – o que mais uma vez depende do tipo de ser humano que o doente é e do quanto se sinta apoiado pelo mundo que o rodeia.

Creio que Luria foi um dos primeiros a perceber com clareza essas questões e, certamente, foi um dos primeiros a ter a coragem de escrever dessa maneira. Fala desses esforços – particularmente em seus dois grandes históricos de caso, *O homem com um mundo estilhaçado* e *A mente e a memória* – na qualidade de "ciência romântica". Vale a pena determo-nos por um instante para tentar entender por que ele usa uma expressão tão estranha, pois certamente sabia que ela podia ser compreendida de modo equivocado.

Na verdade, tanto o termo como as obras que Luria inclui na categoria de "românticas", mais do que compreendidas de modo equivocado foram ignoradas na maioria dos comentários "realistas" de sua obra. A admirável edição

....

* No original: "an islande entire to himself", menção a John Donne, "Devotions upon Emergent Occasions", Meditation XVII (1623-1624): "No man is an island, entire of itself; every man is a piece of the continent, a part of the main". (N. da T.)

Harvard da autobiografia intelectual de Luria, *A construção da mente*, não relaciona nenhum desses dois livros na sua bibliografia das "principais obras em inglês", e Michael Cole, em seu penetrante epílogo desse volume, "Um retrato de Luria", passa por cima desse aspecto do conjunto de sua obra praticamente sem nenhum comentário. Mas, ao lermos o capítulo final de sua autobiografia, aquele intitulado "Ciência romântica", ficamos com a impressão de que não se tratava apenas de um de seus "tópicos", mas de uma das preocupações filosóficas centrais de Luria desde o princípio.

Algumas passagens bastam para ilustrá-lo. Nesse capítulo autobiográfico final, ele contrapõe as ciências "clássica" e "romântica" e seus respectivos praticantes. A primeira dedica-se à análise dos elementos constitutivos da "realidade viva", com o objetivo de formular "leis gerais abstratas" às quais os fenômenos elementares podem se referir. "Um dos resultados dessa abordagem é a redução da realidade viva, com toda a sua riqueza de detalhes, a esquemas abstratos", explica ele. "O romantismo em ciência não pretende nem cindir a realidade viva em seus componentes elementares nem representar a riqueza dos acontecimentos concretos da vida em modelos abstratos que perdem as propriedades dos próprios fenômenos." Ao discutir os riscos de um excessivo entusiasmo por qualquer dos dois extremos, ele observa: "Por muito tempo indaguei-me qual das duas abordagens, em princípio, conduz a uma melhor compreensão da realidade viva", e confessa que a questão "foi objeto de preocupação durante os primeiros anos de minha vida intelectual". Com efeito, "um dos principais fatores que me levaram até Vigotski foi sua ênfase na necessidade de resolver essa crise".

Luria descreve em seguida os efeitos devastadores da teoria abstrata da aprendizagem em psicologia: "o retrato rico e complexo do comportamento humano que existia no fim do século XIX desapareceu dos manuais de psicologia". E quando os instrumentos de registro eletrônico tornaram possível detectar um número cada vez maior de unidades elementares até então inacessíveis ao observador humano, o entusiasmo pela análise abstrata sem consideração pela riqueza do contexto ficou praticamente fora de controle. Por fim, afirma ele com pesar, foram desenvolvidos computadores que podiam submeter essas observações eletrônicas a velozes e complexas análises matemáticas. "Muitos estudiosos começaram a supor que a observação poderia ser substituída pela simulação por computador e por modelos matemáticos. Nos manuais de psicologia abundavam tais modelos e esquemas. Esse dilúvio trouxe um perigo ainda maior: a realidade da atividade consciente humana estava sendo substituída por modelos mecânicos." E então manifesta-se o intérprete existente em Luria: "A observação científica não é pura descrição de fatos isolados. Seu principal objetivo é considerar um acontecimento a partir de tantas perspectivas quanto for possível." Em última instância, temos de encontrar as "leis internas" que produzem a singularidade de cada acontecimento em sua estrutura; temos, por fim (em palavras que ele toma emprestadas de Karl Marx), de "ascender ao concreto".

Sobre seus dois clássicos históricos de caso, ele comenta: "Em cada uma dessas obras, tentei seguir os passos de Walter Pater em *Imaginary Portraits*, escrito em 1887, com a ressalva de que meus livros eram retratos *não-imaginados*. Em ambos os livros, descrevi um indivíduo e as leis de sua vida." De fato, "a descrição de Sherashevsky [o mnemonista] teria sido inadequada caso se limitasse à sua memória. Era necessário fazer uma análise de como sua memória fantástica influenciou seu pensamento, seu comportamento e sua personalidade". E, para tanto, Luria precisou dos trinta anos de observação conjunta que ele e Shershevsky dedicaram ao caso.

Tudo isso é muito simples, e não resta dúvida de que a "ciência romântica" não foi uma extravagância dos últimos anos de vida de Luria. Mas esclareçamos ainda outro ponto. Luria pode ter sido "romântico" – buscando a singularidade desse homem sofredor com sua memória prodigiosa e incapacitante e seu modo de lidar com as coisas dominado pela imagem. Mas ao longo deste livro (e em *O homem com um mundo estilhaçado* também) encontramos dois conceitos cruciais que caracterizam Luria como um cientista "clássico". Ao longo de toda a sua obra, experimental e clínica, ele estava convencido de que o objetivo do funcionamento mental era construir duas versões complementares do mesmo mundo. Com efeito, insistia que o sistema nervoso humano está estruturado de maneira que nos ajude a obter essa representação dual e a juntar essas duas representações. Uma é um mundo simultâneo no qual, como num panorama, apreendemos "no ar" o que necessitamos do que se nos apresenta. A outra é um mundo organizado temporalmente e estruturado em torno de projetos e intenções, um mundo possibilitado pelo sistema cortical frontal. As lesões frontais comprometem a intencionalidade e a capacidade de planejamento; as lesões occipitais e parietotemporais produzem anomalias como a "simultanagnosia", na qual elementos e características podem ser isolados, mas um "todo" ou um quadro significativo não pode ser composto. Como seu professor Vigotski, Luria acreditava que a linguagem desempenha um papel crucial para a junção de ambas as esferas.

Nas páginas que se seguem, o leitor encontrará muitas variações sobre esses dois temas. No caso de S., a rica sinestesia de suas imagens mnêmicas, sua própria completude, impedem-no de fundir o planejamento simultâneo com aquele contextualizado pelo tempo, como se um sistema predominasse sobre o outro, ou uma hipertrofia de um impedisse o desenvolvimento do outro.

Menciono essas questões apenas para sublinhar que Luria, o narrador "romântico", não só estava em bons termos com Luria, o cientista "clássico", mas que ambos trabalhavam em perfeita sintonia, a fim de resolver a crise para a qual Vigotski alertara o jovem Luria. Embora eu duvide que ele tenha alguma vez sentido que pudesse conciliá-los, ele usava cada um deles para elucidar o outro – não apenas nesses dois grandes históricos de caso, mas durante toda a sua vida científica. Para ele, como para seu grande professor, a reconciliação de ambos os modos de usar a mente continuava sendo a "grande crise" da psicologia. E creio que, para Luria, assim era em princípio.

Talvez a melhor forma de ilustrá-lo seja uma anedota. Lembro-me de uma caminhada com Luria em uma das últimas vezes que nos encontramos, um ou dois anos antes de sua morte em 1977. Estávamos em Bruxelas e discutíamos um dilema vigotskiano. Tratava-se da questão de como as invenções na linguagem e na cultura provocavam a manifestação de potencialidades insuspeitas no homem, uma vez que a mente se ampliava pela incorporação de inovações culturais e históricas. "É inútil", lembro-me que ele dizia, "sonhar em ter uma psicologia completamente preditiva, tendo em vista como o homem e a história são, e como podem vir a ser um dia. Mas talvez o melhor que possamos fazer é o que estamos fazendo: compreender o que podemos e ter idéias inspiradas que nos levem a uma observação criteriosa do restante." Minha suposição é que suas "idéias inspiradas" e suas brilhantes observações brotavam de sua ciência romântica, não apenas nesses dois últimos livros, mas desde o começo. E talvez seja por isso que ele abre o último capítulo de sua autobiografia com a famosa citação de Goethe: "Cinza é toda teoria; o verde nasce da árvore dourada da vida."

Mas isso não explica tudo, e certamente carece de um ingrediente que faz deste livro um documento tão humano. Havia um lado compassivo de Luria que se destaca nos dois livros de casos. Afinal, ele não estava apenas tentando compreender esses dois homens, um com uma memória extremamente hipertrofiada, o outro com um fragmento de bala na área parieto-occipital esquerda de seu crânio. Estava tentando trazê-los de volta a alguma plenitude de vida. E foi isso o que alimentou seu prazer de observação, isso e uma insaciável curiosidade científica. Vale notar aqui que Luria, mais do que qualquer um de seus contemporâneos, acreditava na reabilitação dos indivíduos com lesões cerebrais e trabalhou por ela com devoção. Acreditava poder ajudar aqueles dois homens e, embora talvez tenha sido mais bem sucedido com "o homem com o mundo estilhaçado" do que com S., ajudou a ambos. Niels Bohr certa vez observou, num contexto bastante diferente, como era difícil conhecer alguém à luz tanto do amor como da justiça – na verdade, ele afirmava a impossibilidade de conciliá-los. Luria era tanto médico como cientista, e às vezes temos motivos para nos perguntar se esses dois ideais, como o amor e a justiça, também seriam inconciliáveis. Mas, como grande homem que era, Luria perseguiu a ambos. E no fim das contas, como diz o provérbio francês, talvez a estrada seja melhor que a estalagem.

Jerome S. Bruner

Apresentação da primeira edição

Este livro é um extraordinário tributo a Aleksandr Romanovich Luria. A riqueza do *insight* clínico, a acuidade das observações e a abrangência do quadro geral de seu mnemonista são extraordinárias. Luria nos diz que está tratando o "caso" como estudo de uma síndrome, tipo de estudo no qual é especialmente habilidoso, como já sabemos por seu excelente trabalho com vários padrões de lesões cerebrais. O que emerge é um estudo penetrante não apenas da organização da memória, mas também da maneira pela qual a memória está incrustada em um padrão de vida. Enquanto contribuição para a literatura clínica sobre a patologia da memória, este livro certamente será incluído entre os clássicos.

Embora o título do livro sugira um estudo de grandes proezas da memória, é na verdade um livro sobre o fracasso de um aspecto da memória e a hipertrofia de outro. Pois o mnemonista, S., cujo caso é estudado de forma tão minuciosa nestas páginas, é um homem dotado de uma memória de particulares ricos em imagens, elaboração temática e afeto. Mas trata-se de uma memória cuja peculiaridade é a ausência de uma importante característica: a capacidade de transformar os encontros com o particular em exemplos do geral, permitindo a formação de conceitos gerais mesmo quando os particulares se perdem. É este último tipo de "memória sem registro" que parece tão pouco desenvolvida nesse homem.

Várias coisas notáveis sobre os transtornos desse mnemonista são especialmente fascinantes de um ponto de vista psicológico. Em particular, a absoluta persistência da memória icônica é tão intensa que nos perguntamos se existe alguma falha no rápido metabolismo da memória a curto prazo. Suas imagens "imediatas" perseguem-no por horas, imagens estas que, segundo recentes trabalhos sobre a memória a curto prazo, desaparecem tão rapidamente que é impossível reencontrar a informação sobre elas depois de mais ou menos um segundo. Além desse traço, existe também uma não-seletividade em tal memória, de modo que aquilo que permanece é uma espécie de monte de restos de impressões. Ou talvez seu desarranjo mnêmico decorra do evidente fracasso em organizar e "regularizar" o que é lembrado naqueles tipos de esquemas que Bartlett descreveu com tantos detalhes em seu clássico *Remembering*. De forma bastante curiosa e típica, nosso mnemonista tem grandes dificuldades para organizar encontros discrepantes em termos dos aspectos invariantes que os caracterizam.

O dom de uma memória persistente e concreta parece contribuir para um pensamento extremamente concreto, um tipo de pensamento por imagens que lembra muito o das crianças pequenas, cujos processos de pensamento meus colegas e eu estudamos (por exemplo, em *Studies in Cognitive Growth*, 1966). Os agrupamentos de objetos e palavras de S. são temáticos, associativos, amarrados num fluxo de imagens tangencialmente relacionadas, dando quase a impressão de poesia ingênua. "... *Um zhuk* – é um pedaço denteado no penico... É um pedaço de pão de centeio... E, à noite, quando você acende a luz, isso também é *um zhuk*, pois o quarto inteiro não fica iluminado, apenas uma pequena área, enquanto todo o resto permanece escuro, *um zhuk*. Verrugas também são *um zhuk*... Agora vejo-as ao sentar-me diante de um espelho. Há barulho, risadas. Meus olhos me olham do espelho – escuros – eles também são *um zhuk*." Assim o mnemonista tenta definir uma expressão da infância da qual ele se lembrou em uma de suas sessões. Mas, embora o relato fosse uma espécie de poesia ingênua, é um engano pensar que o talento para a poesia estivesse ao alcance desse homem. Na verdade, ele tem muita dificuldade para compreender alguns poemas de Pasternak usados a título de teste. Não consegue ir além das imagens superficiais; parece preso aos significados superficiais das palavras, e não consegue lidar com sua metáfora intencional.

Sua imaginação é tão poderosa que esse homem pode facilmente aumentar sua pulsação imaginando-se a correr. Ele é inundado e perturbado pelas imagens e impressões da infância e, quando criança, suas imagens da escola tornavam-se tão "reais" que permanecia na cama debaixo do acolchoado em vez de levantar e se aprontar. É interessante observar que, dado seu modo de recordar, não parece haver amnésia infantil, e suas lembranças dos períodos mais precoces de sua vida causam-lhe profundo mal-estar e tristeza. De forma geral, há uma qualidade infantil nos protocolos, protocolos mais ricos do que qualquer coisa que eu já tenha visto na literatura psicológica dos transtornos da memória. De um modo profundamente tocante, a vida de S. é um fracasso. Ele esperava que algo lhe acontecesse, algo grandioso. Também na condução de sua vida havia uma atitude passiva-receptiva, quase que impedindo qualquer esforço organizado. Em vez de uma atitude mais abstrata e construtiva de planejamento, havia a espera.

Ao escrever esta apresentação, não posso evitar uma observação pessoal. Sou uma das pessoas que tiveram a sorte de examinar pacientes com o professor Luria no Hospital Neurológico Budenko, em Moscou. Foi uma experiência inesquecível, pois sua extraordinária capacidade de trazer à luz o material importante, por meio de perguntas engenhosas e procedimentos inovadores, era realmente notável. Sempre foi assim, desde os anos 20, quando seus estudos começaram. O que se evidencia, tanto em seus primeiros trabalhos quanto nos mais recentes, é a habilidade do professor Luria de combinar a sabedoria clínica do excelente médico com a sagacidade teórica do cientista. Que esses talentos se disseminem entre nós no futuro. Este livro talvez estimule a produção de outros tantos.

Jerome S. Bruner
Cambridge, Mass.
21 de outubro de 1967

Prefácio

    Passei este verão no campo, longe da cidade. Pelas janelas abertas, podia ouvir o farfalhar das folhas nas árvores e sentir o perfume da relva. Sobre minha mesa encontravam-se algumas anotações antigas e amareladas a partir das quais reuni este breve relato sobre um estranho indivíduo: um garoto judeu que, tendo fracassado como músico e jornalista, tornou-se um mnemonista, conheceu muitas pessoas de renome, mas continuou sendo uma pessoa de certa forma desarraigada, vivendo na expectativa de que a qualquer momento algo de particularmente agradável viesse a cruzar seu caminho. Ele muito ensinou a mim e aos meus amigos, e nada mais justo do que dedicar este livro à sua memória.

A. R. L.
Verão de 1965

1. *Introdução*

Este breve relato da vasta memória de um homem tem atrás de si uma longa história. Por quase trinta anos, o autor teve a oportunidade de observar sistematicamente um homem cuja extraordinária memória foi uma das mais formidáveis que a literatura sobre o assunto já descreveu. Durante esse tempo, a enorme quantidade de material reunido tornou possível não apenas explorar os principais padrões e mecanismos da memória desse homem (que em termos práticos era inesgotável), como também descrever os diversos traços de personalidade que essa pessoa extraordinária revelava.

Diferentemente de outros psicólogos que realizaram pesquisas sobre pessoas dotadas de um talento excepcional para a memória, o autor não se limitou a medir a capacidade e a estabilidade da memória do sujeito, ou a descrever os mecanismos que este usava para evocar e reproduzir material. Estava muito mais interessado em estudar algumas outras questões: que efeito exerce uma notável capacidade de memória sobre outros aspectos importantes da personalidade, sobre os hábitos de pensamento e de imaginação de um indivíduo, sobre o comportamento e o desenvolvimento de sua personalidade? Que mudanças ocorrem no mundo interno de uma pessoa, no seu relacionamento com os outros, no seu próprio estilo de vida quando um elemento de sua constituição psíquica, sua memória, desenvolve-se num grau tão excepcional que começa a alterar todos os outros aspectos de sua atividade?

Tal abordagem do estudo dos fenômenos psíquicos é pouco típica de uma psicologia científica, que lida em geral com a sensação e a percepção, a atenção e a memória, o pensamento e a emoção, mas apenas raramente considera em que medida toda a estrutura da personalidade de um indivíduo pode depender do desenvolvimento de um desses traços da atividade psíquica.

No entanto, essa abordagem vem sendo adotada há algum tempo. É o método aceito em medicina clínica, em que o médico sério nunca está interessado apenas no desenrolar da doença que está estudando naquele momento, mas tenta determinar que efeitos o distúrbio de um dado processo exerce sobre outros processos orgânicos; como as mudanças nestes últimos (que, em última instância, têm uma causa primeira) alteram a atividade de todo o organismo, produzindo assim o *quadro geral* da doença, que a medicina costuma chamar de *síndrome*.

O estudo das síndromes, contudo, não precisa ficar restrito à medicina clínica. Podemos analisar, da mesma maneira, de que modo um traço incomumente desenvolvido da constituição psíquica produz mudanças causalmente relacionadas com ele, em toda a estrutura da vida psíquica, na personalidade como um todo. Neste último caso, também estaríamos lidando com "síndromes" em cuja base reside um fator causal, com a diferença de que estas seriam síndromes psicológicas, e não clínicas.

É precisamente da emergência de uma dessas síndromes, neste caso produzida por uma memória excepcional, que trata este livro. O autor espera que, pela sua leitura, os psicólogos se disponham a investigar e a descrever outras síndromes psicológicas: os vários traços de personalidade que emergem quando há um desenvolvimento exagerado da sensibilidade ou da imaginação de um indivíduo, de seu poder de observação ou de sua capacidade de pensamento abstrato, ou da força de vontade que ele coloca na perseguição de uma idéia específica. Isso marcaria o início de uma psicologia concreta (mas ainda assim cientificamente válida).

O fato de a análise de uma memória excepcional, do papel por ela desempenhado na moldagem da constituição psíquica de um indivíduo, ser o ponto de partida desse tipo de pesquisa, tem certamente suas vantagens. Os estudos da memória, que ficaram estagnados por tantos anos, voltaram a ser objeto de pesquisas vitais, promovendo um rápido incremento de nosso conhecimento desse fenômeno particular. Esse progresso se deve ao desenvolvimento de um novo ramo tecnológico, a biônica, que nos forçou a examinar com mais atenção cada possível indicação de como a memória humana opera: os mecanismos que ela usa como base para as "anotações" mentais que as pessoas fazem de suas impressões das coisas; as "leituras" que a mente faz de traços de memória que ficaram retidos. Ao mesmo tempo, os trabalhos recentes sobre a memória estão relacionados aos avanços em nossos conhecimentos, que se tornaram possíveis graças às teorias atuais sobre o cérebro, sua estrutura fisiológica e bioquímica.

No entanto, neste livro não nos apoiaremos em informações adquiridas nesses campos ou na vasta literatura disponível sobre a memória. Este livro dedica-se ao estudo de *um homem*, e o autor não se aventurará para além do que fornecem as próprias observações desse notável "experimento da natureza".

2. O começo da pesquisa

O início efetivo deste relato remonta aos anos 20, quando eu começava a trabalhar em psicologia. Foi quando um homem veio ao meu laboratório pedindo-me para testar sua memória.

Na época, o homem (que aqui chamaremos de S.) era um repórter de jornal que viera ao meu laboratório por sugestão do editor de seu jornal. Todas as manhãs, o editor reunia-se com sua equipe e distribuía as tarefas do dia – listas de lugares que ele queria ver cobertos naquele dia, informações a serem obtidas em cada local. A lista de endereços e instruções era geralmente bastante longa, e o editor percebeu, com certa surpresa, que S. nunca tomava notas. Estava prestes a repreender o repórter por seu descuido quando, a instâncias suas, S. repetiu todas as tarefas, palavra por palavra. Curioso em saber mais sobre como funcionava aquele homem, o editor começou a questioná-lo sobre sua memória. Mas S. apenas replicou com espanto: havia realmente algo de estranho em ele se lembrar de tudo o que fora dito? Não era assim que as outras pessoas funcionavam? A idéia de que ele possuísse algumas qualidades particulares de memória que o distinguiam dos outros parecia-lhe incompreensível.

O editor enviou-o ao laboratório de psicologia para que sua memória fosse analisada, e foi assim que me vi diante do homem.

Naquela época, S. tinha pouco menos de trinta anos. A informação que obtive sobre seus antecedentes familiares era que seu pai tinha uma livraria, que sua mãe, uma judia idosa, era bastante culta, e que dentre seus vários irmãos e irmãs (todos eles pessoas convencionais e equilibradas), alguns eram indivíduos talentosos. Não havia nenhuma incidência de doença mental na família.

S. crescera numa pequena comunidade judaica onde freqüentara a escola elementar. Mais tarde, quando se descobriu que tinha habilidades musicais, foi matriculado numa escola de música, onde estudou na esperança de algum dia tornar-se um violinista profissional. Contudo, depois que uma enfermidade no ouvido deixou seqüelas na sua audição, percebeu que dificilmente poderia vir a ter uma carreira bem-sucedida como músico. Durante o tempo que passou procurando o tipo de trabalho que lhe fosse mais adequado, aconteceu de visitar o jornal, onde logo começou a trabalhar como repórter.

S. não tinha uma idéia clara do que queria da vida, e seus planos eram um tanto indefinidos. Dava a impressão de uma pessoa bastante ponderada e às vezes tímida, intrigada pelo fato de ter sido enviada a um laboratório de psicologia. Como já afirmei, não tinha a menor consciência de suas peculiaridades e não conseguia conceber a idéia de que sua memória fosse diferente da das outras pessoas. Transmitiu-me o pedido de seu editor com um certo grau de confusão e esperou, curioso, para ver o que a pesquisa revelaria, se é que revelaria alguma coisa. Assim começou um relacionamento de quase trinta anos, cheio de experimentos, discussões e correspondências.

Iniciei meu estudo de S. com o mesmo grau de curiosidade que os psicólogos geralmente demonstram no começo de uma pesquisa, sem maiores esperanças de que os experimentos revelassem algo de particular importância. Contudo, os resultados dos primeiros testes foram suficientes para modificar minha atitude e deixar-me, o experimentador, mais do que o objeto de minha pesquisa, ao mesmo tempo embaraçado e perplexo.

Forneci a S. séries de palavras, depois de números, depois de letras, lendo-os para ele lentamente ou apresentando-os por escrito. Ele leu ou escutou com atenção, e em seguida repetiu o material exatamente como fora apresentado. Aumentei a quantidade de elementos em cada série, dando-lhe trinta, cinqüenta, ou até setenta palavras ou números, mas tampouco isso lhe criou qualquer problema. Ele não precisava decorar o material; eu lhe fornecia uma série de palavras ou números, que lia pausada e claramente; ele ouvia com atenção, e às vezes me pedia para parar e pronunciar uma palavra com mais clareza, ou, se tivesse alguma dúvida quanto a ter escutado uma palavra corretamente, pedia-me que a repetisse. Durante o experimento, geralmente fechava os olhos ou fitava o espaço, fixando o olhar num ponto; ao término do experimento, pedia um intervalo de tempo durante o qual repassava o material em sua mente para ver se o tinha guardado. Em seguida, sem nenhuma outra pausa, reproduzia quantas séries lhe tivessem sido lidas.

O experimento indicava que ele conseguia reproduzir uma série em ordem inversa – do fim para o começo –

com tanta facilidade quanto do começo para o fim; que conseguia me dizer prontamente que palavra vinha depois de outra numa série, ou reproduzir a palavra que precedia outra por mim mencionada. Então fazia uma pausa, como se procurasse a palavra, mas logo depois era capaz de responder minhas perguntas, e geralmente não cometia erros.

Era-lhe indiferente se as séries que eu lhe fornecia continham palavras com sentido ou sílabas sem sentido, números ou sons; se eram apresentados em forma oral ou por escrito. Tudo o que pedia era uma pausa de três ou quatro segundos entre cada elemento das séries, e não tinha nenhuma dificuldade em reproduzir o que quer que lhe fosse proposto.

Enquanto experimentador, logo me vi num estado que beirava a mais profunda confusão. Um aumento no tamanho de uma série não provocava qualquer aumento perceptível de dificuldade para S., e eu simplesmente tive de admitir que a capacidade de sua memória *não tinha limites discerníveis*; que eu fora incapaz de realizar o que se supõe seja a tarefa mais simples de um psicólogo: medir a capacidade da memória de um indivíduo. Propus uma segunda, e depois uma terceira sessão com S.; a estas seguiu-se uma série de sessões, algumas com intervalos de dias ou semanas, outras separadas por um período de vários anos.

Mas essas últimas sessões só complicaram ainda mais minha posição enquanto experimentador, pois parecia não haver limites nem para a *capacidade* da memória de S. nem para a *durabilidade dos traços que ele guardava*. Os experimentos indicavam que ele não tinha nenhuma dificuldade para reproduzir quaisquer séries de palavras, por mais longas que fossem, mesmo aquelas apresentadas a ele uma semana, um mês, um ano, ou até muitos anos antes. Com efeito, alguns dos experimentos concebidos para testar sua retenção foram realizados (sem que ele soubesse) quinze ou dezesseis anos depois da sessão na qual ele evocara pela primeira vez as palavras. E, invariavelmente, todos eram bem-sucedidos. Durante essas sessões de teste, S. ficava sentado com os olhos fechados, fazia uma pausa e depois comentava: "Sim, sim... Esta foi uma série que você me deu uma vez quando estávamos em seu apartamento... Você estava sentado à mesa e eu na cadeira de balanço... Você estava vestindo um paletó cinza e me olhava assim... Posso ver você dizendo..." E com isso desfiava as séries exatamente como eu as propusera na referida sessão. Se levarmos em consideração que, àquela altura, S. já se tornara um conhecido mnemonista, que tinha de se lembrar de milhares de séries, seu feito é ainda mais notável.

Tudo isso significava que eu tinha de alterar meu plano e concentrar-me não tanto em uma tentativa de medir a memória do homem, mas em alguma maneira de produzir uma análise qualitativa dela, de descrever os aspectos psicológicos de sua estrutura. A seguir, passei a explorar outro problema, como já disse, para realizar um estudo aprofundado das peculiaridades que pareciam ser uma parte inerente da psicologia desse mnemonista excepcional.

Dediquei o resto da minha pesquisa a essas duas tarefas, cujos resultados tentarei apresentar de modo sistematizado aqui, embora muitos anos tenham se passado desde meu trabalho com S.

3. Sua memória

O estudo da memória de S. começou em meados dos anos 20, quando ele ainda trabalhava como repórter de jornal. Estendeu-se por muitos anos, durante os quais S. mudou de emprego várias vezes, tornando-se por fim um mnemonista profissional que realizava demonstrações de proezas de memória. Embora os procedimentos que usava para recordar o material tenham mantido seu padrão original ao longo do tempo, foram pouco a pouco enriquecidos com novos mecanismos, de tal forma que, por fim, seu quadro psicológico se tornara bastante diferente.

Neste capítulo, consideraremos os traços peculiares que sua memória manifestou em diversos estágios.

Os fatos iniciais

Durante nossa pesquisa, a rememoração de S. foi sempre de natureza espontânea. Os mecanismos que ele empregava resumiam-se a dois: ou continuava *vendo* as séries de palavras ou números que lhe eram apresentados, ou convertia esses elementos em *imagens visuais*.

A estrutura mais simples era aquela que S. usava para recordar *tabelas de números* escritas num quadro-negro. S. estudava o material no quadro, fechava os olhos, abria-os novamente por um instante, virava-se de lado e, ao sinal combinado, reproduzia uma das séries do quadro. Em seguida, preenchia os quadrados vazios da tabela seguinte, evocando rapidamente os números. Para ele, era fácil preencher números nos quadrados vazios da tabela quer quando eu lhe pedia para fazê-lo em certos quadrados escolhidos ao acaso, quer quando lhe pedia para preencher uma série de números sucessivamente em ordem inversa. Conseguia me dizer com facilidade quais números compunham essa ou aquela coluna vertical da tabela, e conseguia "ler em voz alta" os números que formavam as diagonais; por fim, era capaz de compor um número de muitos dígitos a partir dos números de um dígito de toda a tabela.

Para gravar a impressão de uma tabela composta de vinte números, S. precisava apenas de 35-40 segundos, durante os quais examinava de perto o quadro várias vezes. Uma tabela de cinquenta números exigia um pouco mais de tempo, mas ele conseguia facilmente fixar uma impressão dela na sua mente em 2,5-3 minutos, olhando para o quadro algumas vezes e, em seguida, fechando os olhos como se estivesse testando a si mesmo sobre o material na sua mente.

A seguir, temos um exemplo típico de um dentre dezenas de experimentos levados a cabo com S. (experimento de 10 de maio de 1939):

Tabela 1

6	6	8	0
5	4	3	2
1	6	8	4
7	9	3	5
4	2	3	7
3	8	9	1
1	0	0	2
3	4	5	1
2	7	6	8
1	9	2	6
2	9	6	7
5	5	2	0
x	0	1	x

Ele ficou três minutos examinando a tabela que eu escrevera numa folha de papel (Tabela 1), detendo-se de vez em quando para revisar o que vira em sua mente. Levou 40 segundos para reproduzir a tabela (ou seja, para recordar todos os números em ordem sucessiva), e o fez de modo ritmado, quase sem parar entre os números. Sua reprodução dos números da terceira coluna levou um pouco mais de tempo – 1 minuto e 20 segundos –, ao passo que reproduziu os da segunda coluna em 25 segundos e levou 30 segundos para reproduzir essa mesma coluna em ordem inversa. Leu em voz alta os números que formavam as diagonais (os grupos de quatro números que percorriam em ziguezague o quadro) em 35 segundos, e em 50 segundos percorreu os números que formavam as linhas horizontais. Ao todo, precisou de 1 minuto e 30 segundos para converter todos os cinqüenta números num único número de cinqüenta dígitos e lê-lo em voz alta.

Como já afirmei, um experimento destinado a verificar a "leitura" de S. dessas séries, que só foi levado a cabo vários meses mais tarde, indicou que ele conseguia reproduzir a tabela que havia "impresso" em sua mente tão perfeitamente quanto na primeira reprodução, e mais ou menos na mesma velocidade. A única diferença entre os dois desempenhos foi que, no último, precisou de mais tempo para "reviver" toda a situação na qual o experimento se realizara originalmente: para "ver" a sala em que estivéramos sentados; para "escutar" minha voz; para "reproduzir" uma imagem de si mesmo olhando para o quadro. Mas o processo de "ler" a tabela exigiu praticamente o mesmo tempo que antes.

Dados similares foram obtidos em experimentos nos quais apresentamos a S. uma tabela de letras escritas ou num quadro-negro ou numa folha de papel. Precisou quase da mesma quantidade de tempo, tanto para registrar uma impressão dessas séries de letras sem sentido quanto para lê-las em voz alta, como havia precisado para a tabela de números. (Ver Tabela 2: material experimental fornecido a S. durante uma sessão à qual esteve presente o acadêmico L. A. Orbeli.) S. reproduziu esse material com a mesma facilidade que demonstrara antes, não existindo, aparentemente, limites diferentes para sua capacidade de memorização e para a estabilidade das impressões que formava.

Tabela 2

ZH*	CH*	SH*	T	I	P	R
K	P	O	S	M	K	SH*
L	T	O	A	L	KH*	T
M	T	ZH*	S	K	R	CH*
etc.						

* Em russo, letras simples: ZH = Ж, CH = Ч, SH = Ш, KH = X.

Mas como, exatamente, conseguia ele registrar uma "impressão" das tabelas que lhe haviam sido mostradas e "lê-las" em voz alta? A única maneira de sabê-lo era perguntar ao próprio S.

À primeira vista, a explicação parece bastante simples. Ele nos disse que continuava *vendo* a tabela que fora escrita num quadro-negro ou numa folha de papel, que apenas tinha de "lê-la em voz alta", enumerando sucessivamente os números ou as letras que continha. Portanto, geralmente não fazia nenhuma diferença se ele "lia" a tabela partindo do começo ou do fim, se arrolava os elementos que formavam grupos verticais ou diagonais, ou se "lia em voz alta" números que formavam as linhas horizontais. A tarefa de converter os números isolados num único número de muitos dígitos parecia não ser mais difícil para ele do que o seria para nós, se nos pedissem para realizar essa operação visualmente, com muito mais tempo para estudar a tabela.

S. continuava vendo os números que "imprimira" em sua memória exatamente como eles haviam aparecido no quadro ou na folha de papel: os números apresentavam exatamente a mesma configuração que possuíam na forma escrita, de tal modo que, se um dos números não estivesse escrito com clareza, S. tendia a "lê-lo equivocadamente", a tomar um 3 por um 8, por exemplo, ou um 4 por um 9. Mesmo nesse estágio do estudo, porém, nossa atenção fora atraída para certas peculiaridades do relato de S. que indicavam que seu processo de rememoração não era tão simples.

Sinestesia

Nossa curiosidade fora despertada por uma pequena observação aparentemente pouco importante. S. comentara algumas vezes que, se o examinador dissesse algo durante o experimento – se, por exemplo, dissesse "sim" para confirmar que S. havia reproduzido o material corretamente, ou "não" para indicar que ele cometera um erro –, aparecia uma sombra na tabela, que se espalhava e ocultava os números, de tal modo que, em sua mente, S. era obrigado a "deslocar" a tabela para longe da seção ensombrecida que a cobria. O mesmo ocorria se escutasse ruídos no auditório; isso era imediatamente convertido em "baforadas de vapor" ou "borrões" que dificultavam sua leitura da tabela.

Isso nos levou a acreditar que o processo pelo qual retinha o material não consistia apenas no fato de ter preservado traços espontâneos de impressões visuais; havia alguns elementos adicionais em ação. Sugeri que S. possuía um grau elevado de *sinestesia*. Se pudermos confiar nas lembranças de S. de sua primeira infância (das quais trataremos mais adiante, num capítulo especial), essas reações sinestésicas podiam ser encontradas desde uma idade muito precoce. Conforme sua própria descrição:

> Quando eu tinha dois ou três anos, ensinaram-me as palavras de uma prece em hebraico. Eu não as entendia, e o que aconteceu foi que as palavras instalaram-se na minha mente como pequenas nuvens de vapor ou borrões... Até hoje vejo essas pequenas nuvens ou borrões quando escuto certos sons.

Reações sinestésicas desse tipo ocorriam sempre que se pedia a S. para escutar *tons*. As mesmas reações, embora um tanto mais complicadas, ocorriam com sua percepção de *vozes* e sons de fala.

A seguir apresentamos o registro de experimentos levados a cabo com S. no Laboratório de Fisiologia da Audição do Instituto de Neurologia, Academia de Ciências Médicas.

Submetido a um tom com intensidade de 30 ciclos por segundo e com uma amplitude de 100 decibéis, S. afirmou que primeiro viu uma faixa de 12-15 cm de largura, de um prateado envelhecido e embaçado. Gradualmente, a faixa foi se estreitando e parecia encolher; depois transformou-se num objeto que brilhava como aço. Em seguida o tom foi adquirindo a cor que costumamos associar ao crepúsculo, e o som continuava a ofuscar devido ao brilho prateado que emitia.

Submetido a um tom com intensidade de 50 ciclos por segundo e com uma amplitude de 100 decibéis, S. viu uma faixa marrom contra um fundo escuro que tinha pontas vermelhas, parecidas com línguas. O sentido do paladar que experimentou assemelhava-se ao *borscht* agridoce, uma sensação que se apoderou de toda a sua língua.

Submetido a um tom com intensidade de 100 ciclos por segundo e com uma amplitude de 86 decibéis, ele viu uma larga faixa que parecia ter uma coloração vermelho-alaranjada no centro; do centro para fora, o brilho ia se desvanecendo em leves gradações, de forma que as extremidades da faixa pareciam cor-de-rosa.

Submetido a um tom com intensidade de 250 ciclos por segundo e com uma amplitude de 64 decibéis, S. viu uma corda violeta com fibras projetando-se por todos os lados. A corda estava tingida de uma coloração cor-de-rosa-alaranjada, delicada e agradável.

Submetido a um tom com intensidade de 500 ciclos por segundo e com uma amplitude de 100 decibéis, ele viu um raio de luz cortando o céu em dois. Quando a intensidade do som diminuiu para 74 decibéis, viu uma densa cor de laranja que provocou nele a sensação de uma agulha sendo enfiada em sua espinha. Pouco a pouco, essa sensação diminuiu.

Submetido a um tom com intensidade de 2 000 ciclos por segundo e com uma amplitude de 113 decibéis, S. disse: "Parecem fogos de artifício de um tom rosa-avermelhado. A faixa de cor parece áspera e desagradável, e tem um gosto ruim – como picles salgados... Você poderia ferir a mão se a tocasse."

Submetido a um tom com intensidade de 3 000 ciclos por segundo e com uma amplitude de 128 decibéis, S. viu uma escova de roupa de cor ardente, enquanto o cabo da escova parecia espalhar-se em pontas flamejantes.

Os experimentos foram repetidos durante vários dias, e invariavelmente os mesmos estímulos produziam experiências idênticas.

Isso significava que S. pertencia a um grupo notável de pessoas, entre as quais o compositor Scriabin, que mantiveram, de forma particularmente viva, um "complexo" tipo sinestésico de sensibilidade. No caso de S., cada som que ele escutava produzia imediatamente uma experiência de luz e cor e, como veremos mais adiante, também um sentido de paladar e tato.

S. também experimentava reações sinestésicas ao escutar a voz de alguém. "Que voz amarela esfarelada você tem", disse ele certa vez a L. S. Vigotski enquanto conversava com ele. Posteriormente, elaborou o tema das vozes da seguinte maneira:

> Você sabe que existem pessoas que parecem ter muitas vozes, cujas vozes parecem ser uma composição intei-

ra, um buquê. O finado S. M. Eisenstein tinha uma dessas vozes: ao escutá-lo, era como se uma chama com filamentos que dela se projetavam avançasse direto em minha direção. Fiquei tão interessado na voz dele que não conseguia acompanhar o que ele dizia...

Mas existem pessoas cujas vozes estão sempre mudando. Freqüentemente tenho dificuldade de reconhecer a voz de alguém pelo telefone, e não apenas por problemas na ligação. É porque essa pessoa é alguém cuja voz muda de vinte a trinta vezes por dia. Outras pessoas não o percebem, mas eu sim.

(Registro de novembro de 1951)

Até hoje nunca consegui deixar de ver cores quando escuto sons. O que primeiro me impressiona é a cor da voz de alguém. Depois, esta desaparece... pois realmente interfere. Se, digamos, uma pessoa diz algo, vejo a palavra; mas se a voz de outra pessoa também entra, aparece uma sombra. Esta penetra nas sílabas das palavras e não consigo entender o que está sendo dito.

(Registro de junho de 1953)

"Linhas", "sombras" e "borrões" apareciam não apenas quando ele escutava tons, ruídos ou vozes. O som de qualquer fala logo despertava em S. uma intensa imagem visual, pois tinha forma, cor e gosto próprios e distintos. As vogais apareciam para ele como simples figuras, as consoantes como borrões, algumas delas sólidas configurações, outras mais difusas – mas todas tinham alguma forma distinta. Conforme sua própria descrição:

A [a] é algo branco e comprido; и [ɛ] afasta-se para algum lugar adiante de tal forma que você não consegue esboçá-lo, ao passo que я [j'ı] tem uma forma pontuda. Ю [j'u] também é pontudo e mais afiado que e [j'ɛ], ao passo que я [j'ɑ] é grande, tão grande que é até possível rolar sobre ele. O [ɔ] é um som que vem do peito de uma pessoa... é cheio, embora o som enquanto tal tenda a cair. Эй [j'ɔ] afasta-se para algum lugar ao lado. Eu também experimento o paladar de cada som. E quando vejo linhas, alguma configuração desenhada, isso produz sons. Tomemos a figura ∠__. Ela se encontra em algum lugar entre e, Ю e И; ᵚᵚᵚᵚ é um som de vogal, mas também se parece ao som *r* – ainda que não um *r* puro... Uma coisa ainda continua confusa para mim: se a linha sobe, experimento um som, mas se ela se move na direção contrária, não aparece mais como som, e sim como uma espécie de gancho de madeira de uma canga. A configuração ∪ parece algo escuro, mas, se fosse desenhada mais devagar, teria uma aparência diferente. Se você tivesse, digamos, desenhado isso como este ∪´, nesse caso, o som seria e.

S. tinha experiências similares com números:

Para mim, 2, 4, 6, 5 não são apenas números. Eles têm formas. 1 é um número pontudo – que nada tem a ver com a forma como é escrito. É pelo fato de ser, de certa forma, firme e completo. 2 é mais achatado, retangular, de cor esbranquiçada, às vezes quase um cinza. 3 é um segmento pontudo que gira. 4 também é quadrado e opaco; parece o 2, mas tem mais substância, é mais grosso. 5 é absolutamente completo e adota a forma de um cone ou de uma torre – algo de substancial. 6, o primeiro número depois de 5, tem uma coloração esbranquiçada; 8 tem uma qualidade de certo modo ingênua, é de um azul leitoso como a cal...

Tudo isso indica que para S. não havia uma linha divisória, como existe para nós, separando a visão da audição, ou a audição do tato ou do paladar. Os vestígios bastante rudimentares de sinestesia que muitas pessoas comuns conservam (sentir que tons mais altos e mais baixos têm diferentes colorações; ter a impressão de que certos tons são "quentes" e outros "frios"; "ver" sexta-feira e segunda-feira com cores diferentes), eram centrais na vida psíquica de S. Essas experiências sinestésicas não só apareceram muito cedo na sua vida, como persistiram até a sua morte. E, como teremos a oportunidade de ver, deixaram uma marca nos seus hábitos de percepção, compreensão e pensamento, e eram uma característica vital de sua memória.

A tendência de S. de rememorar o material em termos de "linhas" ou "borrões" entrava em jogo sempre que ele tinha de lidar com sons isolados, sílabas sem sentido ou palavras com que não estava familiarizado. Explicava que, nessas circunstâncias, sons, vozes ou palavras evocavam alguma impressão visual como "baforadas de vapor", "borrões", "linhas uniformes ou quebradas"; às vezes, produziam também uma sensação gustativa, em outras ocasiões uma sensação tátil, de ter entrado em contato com algo que descrevia como "pontudo", "liso" ou "áspero".

Esses componentes sinestésicos de cada estímulo visual e, particularmente, auditivo, eram parte integrante das lembranças de S. numa idade muito precoce; só mais tarde, depois que sua capacidade de memória lógica e figurativa se desenvolveu, é que tenderam a desaparecer, embora continuassem a desempenhar algum papel em suas lembranças.

De um ponto de vista objetivo, esses componentes sinestésicos eram importantes para a sua lembrança, pois criavam, pode-se dizer, um pano de fundo para cada rememoração, fornecendo-lhe uma informação adicional, "extra", que garantia a precisão da lembrança. No caso de S. ser levado a reproduzir uma palavra de modo impreciso, como veremos mais adiante, as sensações sinestésicas adicionais que experimentava não coincidiam com a palavra por ele pronunciada, deixando-o com a sensação de que algo estava errado em sua reprodução e forçando-o a corrigir o erro.

> ... Reconheço uma palavra não apenas pelas imagens que ela evoca mas por todo um complexo de sentimentos que a imagem desperta. É difícil explicar... não é uma questão de visão ou audição, mas uma espécie de sentido geral que possuo. Geralmente experimento o gosto e o peso de uma palavra, e não tenho de me esforçar para me lembrar deles – a palavra parece evocar-se a si mesma. Mas é algo difícil de descrever. O que sinto é algo oleoso deslizando pela minha mão... ou percebo uma leve coceira na minha mão esquerda, causada por uma massa de pontos leves e pequenos. Quando isso acontece, simplesmente me lembro, sem ter de fazer esforço...
>
> (Registro de 22 de maio de 1939)

Portanto, as experiências sinestésicas que claramente se faziam sentir quando ele lembrava de uma voz, de sons isolados ou de complexos de sons não eram de importância central, e serviam apenas de informação secundária na *sua rememoração de palavras*. Examinemos a seguir, agora de modo mais detalhado, as reações de S. a palavras.

Palavras e imagens

Como sabemos, as palavras possuem uma dupla natureza. Por um lado, são compostas de agrupamentos convencionais de *sons* com vários graus de complexidade – disso trata a fonética. Por outro lado, elas também designam certos objetos, qualidades ou atividades; ou seja, têm *significados* específicos – disso tratam a semântica e outros ramos da lingüística, como a lexicologia e a morfologia. Em geral, uma pessoa num estado de consciência saudável e alerta não percebe os elementos fonéticos das palavras, de tal forma que, dadas duas palavras como *skripka* e *skrepka* (em russo: "violino" e "prendedor de papel"), que diferem apenas em virtude de uma pequena alteração dos sons vocálicos, ela pode não ter a menor consciência da sua semelhança fonética e apenas observar que elas se remetem a duas coisas completamente diferentes*.

Também para S., era o significado das palavras que tinha uma importância primordial. Cada palavra tinha por efeito evocar em sua mente uma imagem gráfica, e o que o distinguia do comum das pessoas era que suas imagens eram incomparavelmente mais vivas e estáveis. Além disso, suas imagens estavam invariavelmente vinculadas a componentes sinestésicos (sensações de "manchas", "borrões" e "linhas" coloridas), que refletiam a estrutura sonora da palavra e a voz do falante.

Era natural, portanto, que a *qualidade visual de sua rememoração* fosse fundamental para sua capacidade de

---

* É apenas em certos estados patológicos que os elementos fonéticos das palavras predominam e o significado perde importância. Ver A. R. Luria e O. S. Vinogradova: "Uma investigação objetiva da dinâmica dos sistemas semânticos", *British Journal of Psychology*, L. n. 2 (1959), 89-105.

recordar palavras. Pois, quando lia ou escutava uma palavra, ela se convertia de imediato numa imagem visual correspondente ao objeto que a palavra significava para ele. Uma vez formada a imagem, que era sempre de natureza particularmente viva, ela se estabilizava em sua memória, e ainda que pudesse desaparecer por um certo tempo, quando sua atenção era atraída por alguma outra coisa, manifestava-se novamente sempre que ele retornasse à situação na qual a palavra aparecera pela primeira vez. Conforme sua própria descrição:

> Quando escuto a palavra *verde*, um vaso de flores verde aparece; com a palavra *vermelho*, vejo um homem de camisa vermelha vindo na minha direção; quanto a *azul*, significa uma imagem de alguém agitando uma pequena bandeira azul de uma janela... Até mesmo os números evocam imagens em mim. Tomemos o número 1. É um homem altivo e robusto; 2 é uma mulher bem-humorada; 3 uma pessoa melancólica (por quê, não sei); 6 um homem com pés inchados; 7 um homem de bigode; 8 uma mulher muito corpulenta – um saco dentro de um saco. Quanto ao número 87, o que vejo é uma mulher gorda e um homem enrolando o bigode.

(Registro de setembro de 1936)

É fácil perceber que as imagens produzidas por números e palavras representam uma fusão de idéias gráficas e reações sinestésicas. Quando S. escutava uma palavra com que estava familiarizado, a imagem era suficiente para eliminar todas as reações sinestésicas; mas quando tinha de lidar com uma palavra pouco familiar, que não evocasse uma imagem, lembrava-se dela "em termos de linhas". Ou seja: os sons de uma palavra eram transformados em manchas coloridas, linhas ou borrões. Assim, mesmo com uma palavra pouco familiar, ele registrava alguma impressão visual que associava a ela, mas que estava relacionada com as qualidades fonéticas da palavra, e não com seu significado.

    Quando S. lia uma longa série de palavras, cada uma delas provocava uma imagem gráfica. E, se a série fosse muito longa, ele tinha de encontrar alguma maneira de distribuir essas suas imagens numa série ou seqüência mental. Com mais freqüência (e esse hábito persistiu durante toda a sua vida), ele as "distribuía" ao longo de alguma estrada ou rua que visualizava em sua mente. Às vezes, era uma rua de sua cidade natal, e também incluía o pátio vizinho à casa onde vivera quando criança, e do qual tinha uma nítida lembrança. Por outro lado, podia também selecionar uma rua de Moscou. Freqüentemente fazia uma caminhada mental por aquela rua – Rua Górki, em Moscou – partindo da Praça Maiakóvski e percorrendo a rua lentamente, "distribuindo" suas imagens por casas, portões e vitrines de lojas. Às vezes, sem saber muito bem como isso acontecia, encontrava-se subitamente de volta a sua cidade natal (Torzhok), onde concluía a viagem na casa de sua infância. O cenário que escolhia para suas "caminhadas mentais" assemelhava-se ao dos sonhos, com a diferença de que o de suas caminhadas desaparecia de imediato assim que sua atenção era distraída, mas reaparecia de modo igualmente súbito quando era obrigado a relembrar uma série que "gravara" dessa maneira.

    Essa técnica de converter séries de palavras em séries de imagens gráficas explica por que S. conseguia reproduzir com tanta prontidão séries do começo ao fim ou em ordem inversa, e como conseguia nomear rapidamente uma palavra que precedesse ou seguisse alguma que eu tivesse selecionado das séries. Para fazê-lo, simplesmente empreendia sua caminhada, partindo do início ou do fim da rua, encontrava a imagem do objeto que eu nomeara e "dava uma olhada" no que quer que se encontrasse situado de um lado ou do outro. Os padrões visuais de memória de S. diferenciavam-se do tipo mais comum de memória figurativa pelo fato de suas imagens serem excepcionalmente vívidas e estáveis; ele também era capaz de, digamos, "afastar-se" delas e "voltar" a elas sempre que necessário*.

Era essa técnica de recordar graficamente o material que explicava por que S. sempre insistia em que a série fosse lida clara e pausadamente, que as palavras não fossem lidas em voz alta rápido demais. Pois precisava de um certo tempo, por pouco que fosse, para converter as palavras em imagens. Se as palavras fossem lidas rápido demais, sem pausa suficiente entre elas, suas imagens tendiam a aderir umas às outras numa espécie de caos ou "ruído" em meio ao qual tinha dificuldade de discernir qualquer coisa.

Com efeito, a impressionante clareza e tenacidade de suas imagens, o fato de que pudesse conservá-las por anos e evocá-las sempre que a ocasião o exigisse, permitia-lhe recordar um número ilimitado de palavras e conservá-las indefinidamente. No entanto, seu método de "registro" também apresentava certos inconvenientes.

....
* A técnica de "distribuição gráfica" e "leitura" de imagens utilizada por S. assemelha-se muito à de um outro mnemonista, Ishihara, sobre o qual existem estudos e trabalhos publicados no Japão. Ver Tukasa Susukita: "Untersuchung eines ausserordentlichen Gedächtnisses", *Japan Tohoku Psychologica Folia*, I, n. 2-3, e II, n. 1, Tohoky Imperialis Universitas, Sendai, 1933.

Uma vez que estivéssemos convencidos de que a capacidade da memória de S. era praticamente ilimitada, de que ele não tinha de "memorizar" os dados fornecidos mas apenas de "registrar uma impressão" que podia "ler" num momento posterior (a esse respeito citaremos exemplos de séries por ele reproduzidas dez ou até dezesseis anos depois da apresentação original), naturalmente perdíamos o interesse em tentar "medir" sua capacidade de memória. Passamos a nos concentrar, em vez disso, precisamente na questão inversa: Era-lhe possível esquecer? Tentamos estabelecer as situações nas quais S. omitira alguma palavra de uma série.

De fato, essas situações não só existiam, como eram bastante freqüentes. Mas como explicar o esquecimento num homem cuja memória parecia inesgotável? Como explicar que às vezes ocorriam situações nas quais S. *omitia* alguns elementos na sua rememoração, mas quase nunca *reproduzia o material de forma equivocada* (substituindo por um sinônimo ou por uma palavra de significado muito próximo daquela que lhe havia sido fornecida)?

Os experimentos forneceram imediatamente as respostas a ambas as questões. S. não "esquecia" palavras que lhe tinham sido fornecidas; o que acontecia era que ele as omitia ao "ler em voz alta" uma série. E em cada caso existia uma explicação simples para as omissões. Se S. tivesse colocado uma imagem particular num lugar onde lhe fosse difícil "discernir" – se, por exemplo, a tivesse posto numa área pouco iluminada, ou num lugar em que fosse trabalhoso distinguir o objeto do fundo contra o qual fora colocado –, omitia essa imagem quando "lia em voz alta" as séries que distribuíra ao longo de sua estrada mental. Simplesmente passava por ela "sem notar" o item em questão, conforme sua própria explicação.

Essas omissões (muito freqüentes no período inicial de nossa observação, quando a técnica de rememoração de S. ainda não se desenvolvera plenamente) não eram, claramente, *falhas de memória*; tratava-se, na verdade, de *falhas de percepção*. Não podiam ser explicadas em termos das idéias estabelecidas sobre a neurodinâmica dos traços de memória (inibição retroativa e proativa, extinção de traços, etc.), mas por certos fatores que influenciam a percepção (clareza, contraste, a capacidade de isolar uma figura de seu fundo, o grau de iluminação disponível, etc.). Seus erros não podiam, portanto, ser explicados nos termos da psicologia da memória, mas estavam relacionados aos fatores psicológicos que governam a percepção.

Trechos de vários registros de nossas sessões com S. servirão para ilustrar esse ponto. Quando, por exemplo, ele reproduziu uma longa série de palavras, omitiu a palavra *lápis*; em outra oportunidade, pulou *ovo*; numa terceira série, foi a vez da palavra *bandeira*, e numa quarta, *dirigível*. Por fim, S. omitiu, de outra série, a palavra *lançadeira*, com a qual não estava familiarizado. Segue-se sua explicação de como isso acontecia:

> Coloquei a imagem do *lápis* perto de uma cerca... aquela no fim da rua, sabe. O que aconteceu foi que a imagem fundiu-se com a da cerca, e passei por ela sem notá-la. O mesmo aconteceu com a palavra *ovo*. Eu a colocara contra uma parede branca, e ela se misturou com o fundo. Como poderia eu localizar um ovo branco contra uma parede branca? Agora tomemos a palavra *dirigível*. É uma coisa cinza, de forma que se misturou com o cinza do calçamento... *Bandeira* significa, evidentemente, Bandeira

Vermelha. Mas, como você sabe, o edifício que abriga o Soviete dos Deputados Proletários de Moscou também é vermelho, e como coloquei a bandeira perto de uma das paredes do edifício, simplesmente passei por ela sem vê-la... Depois temos a palavra *putâmen*. Não sei o que quer dizer, mas é uma palavra tão escura que não consegui vê-la... e, além disso, o poste de luz da rua estava a uma certa distância...

(Registro de dezembro de 1932)

Às vezes coloco uma palavra num local escuro e tenho dificuldade de vê-la quando passo. Tomemos a palavra *caixa*, por exemplo. Coloquei-a num nicho do portão. Como estava escuro ali, não consegui vê-la... Às vezes, se há barulho, ou se a voz de outra pessoa irrompe subitamente, vejo sombras que bloqueiam minhas imagens. Nesse caso, sílabas que originalmente não estavam ali podem deslizar para uma palavra, e eu ficaria tentado a dizer que elas realmente faziam parte da palavra. São essas sombras que interferem em minhas rememorações...

(Registro de dezembro de 1932)

Portanto, as "falhas de memória" de S. eram na verdade "falhas de percepção" ou de "concentração". Sua análise permitiu-nos uma melhor apreensão dos mecanismos característicos que esse homem incrível usava para recordar palavras, sem alterar nossas primeiras impressões com respeito à potência de sua memória. Submetidos a um exame mais detalhado, esses mecanismos também forneciam uma resposta para a nossa segunda questão: por que S. não manifestava nenhuma distorção de memória?

Isso podia ser explicado simplesmente em termos dos componentes sinestésicos que participavam de seu "registro" e de sua "leitura" dos traços mnêmicos. Como já mencionamos, S. não transcrevia apenas as palavras que lhe eram fornecidas em imagens gráficas: cada palavra também lhe proporcionava informações "extras" que assumiam a forma de impressões sinestésicas de visão, paladar e tato, todas provocadas quer pelo som de uma palavra, quer por imagens das letras na palavra escrita. Se S. cometesse um erro quando "lia em voz alta" suas imagens, a informação extra que ele também registrara não iria coincidir com as outras características da palavra que reproduzira (um sinônimo, talvez, ou uma palavra de sentido muito próximo ao da palavra correta). Nesse caso, ficava com uma certa sensação de desarmonia que o alertava sobre o seu erro.

    Lembro-me de uma vez em que voltava com S. do instituto onde estivéramos realizando alguns experimentos com L. A. Orbeli. "Você não vai esquecer o caminho de volta para o instituto?", perguntei, esquecendo quem era meu interlocutor. "Ora", disse S., "como poderia esquecer? Afinal de contas, tem esta cerca aqui. Ela tem um gosto tão salgado e parece tão áspera; além do mais, produz um som tão agudo, penetrante..."

A combinação de várias indicações que, devido às experiências sinestésicas de S., forneciam-lhe informações adicionais sobre cada impressão por ele registrada, funcionava de modo a garantir que sua recordação fosse precisa, ou tornava muito improvável que ele se saísse com uma resposta diferente da palavra que lhe fora fornecida.

Dificuldades

Apesar das vantagens que S. extraía do fato de ter uma lembrança visual espontânea, sua memória era do tipo que também apresentava certos inconvenientes, algo que foi se tornando cada vez mais claro à medida que ele foi sendo forçado a recordar uma maior quantidade de material que estava constantemente submetido a mudanças. Deparou muitas vezes com este problema depois de abandonar seu emprego no jornal e tornar-se um mnemonista profissional.

Já tratamos do primeiro tipo de dificuldade, aquele relacionado com a percepção. Depois de S. ter iniciado sua profissão de mnemonista, tornou-se intolerante com a possibilidade de imagens isoladas mesclarem-se com o pano de fundo, ou de ter problemas para "lê-las" por causa da "falta de iluminação". Tampouco podia aceitar como algo evidente a idéia de que ruídos produzissem "sombras", "borrões" ou "baforadas de vapor" que pudessem bloquear as imagens que distribuíra, tornando difícil "distingui-las". Em suas próprias palavras:

> Sabe, todo som me incomoda... Ele se transforma numa linha e me confunde. Certa vez me deram a palavra *omnia*. Ela se emaranhou no barulho e lembrei-me de *omnion*... às vezes acontece-me ver alguns tipos de linhas no lugar da palavra que tenho de descobrir... Nesse caso eu as toco e, de algum jeito, elas se apagam ao toque de minhas mãos... Outras vezes aparece fumaça ou neblina... e quanto mais as pessoas falam, mais difícil se torna, até um ponto em que não consigo discernir mais nada...
>
> (Registro de maio de 1935)

Também acontecia, com freqüência, de lhe proporem lembrar palavras com significados tão distantes que seu sistema de "distribuir" as imagens correspondentes a tais palavras entrava em colapso.

Eu acabara de partir da Praça Maiakóvski quando me forneceram a palavra *Kremlin*, de forma que tive de dirigir-me para o Kremlin. Tudo bem, consigo lançar uma ponte até lá... Mas logo depois disso forneceram-me a palavra *poesia*, e mais uma vez encontrei-me na Praça Pushkin. Se tivessem me proposto *índio americano*, eu precisaria ter ido para a América. É claro que podia lançar uma ponte por cima do oceano, mas cansa tanto viajar...

(Registro de maio de 1935)

Sua situação complicou-se ainda mais pelo fato de os espectadores de suas demonstrações fornecerem-lhe deliberadamente palavras longas e confusas, ou mesmo destituídas de sentido. Isso o levou a tentar recordá-las "cm termos de linhas". Mas então ele tinha de visualizar todas as curvas, cores e borrões nos quais os sons da voz eram transformados, tarefa bastante difícil. Percebeu que seu tipo de memória gráfica, figurativa, não funcionava de maneira suficientemente econômica para admitir tamanho volume de material, e que tinha de encontrar alguma maneira de adaptá-la às exigências de seu trabalho.

Isso marcou o começo de uma segunda fase de desenvolvimento na qual S. tentou, ao mesmo tempo, simplificar sua maneira de rememorar e conceber um novo método que pudesse enriquecer sua memória e torná-la menos vulnerável ao acaso; um método, em suma, que garantisse lembranças rápidas e precisas de qualquer tipo de material, independentemente das circunstâncias.

Eidotécnica (técnica de imagens eidéticas)

O primeiro passo era eliminar a possibilidade de qualquer circunstância fortuita que pudesse dificultar a "leitura" de suas imagens quando desejava recordar algum material. Isso mostrou-se bastante simples.

> Sei que tenho de estar alerta se não quiser deixar passar nada. O que faço agora é aumentar minhas imagens. Tomemos a palavra *ovo* de que lhe falei antes. Foi tão fácil perdê-la de vista; agora faço dela uma imagem maior, e quando a coloco contra a parede de um edifício, tomo a precaução de ver se o lugar está iluminado por uma lâmpada de rua próxima... Não coloco mais coisas em becos escuros... É muito melhor se houver alguma luz por perto, é mais fácil de localizar.
> (Registro de junho de 1935)

Aumentar as dimensões de suas imagens, tomar a precaução de que estivessem bem iluminadas e cuidadosamente dispostas – foram esses os primeiros passos de S. no sentido de criar uma técnica de imagens eidéticas, caracterizando, assim, a segunda fase do desenvolvimento de sua memória. Outro artifício por ele desenvolvido foi um sistema taquigráfico para suas imagens, produzindo versões abreviadas ou simbólicas delas. Não havia tentado essa técnica na fase inicial de seu desenvolvimento, mas depois ela se tornou um de seus principais métodos de trabalho como mnemonista profissional. A seguir, a descrição que ele nos forneceu:

> Antigamente, a fim de lembrar-me de alguma coisa, eu tinha de formar uma imagem da cena toda. Agora,

tudo o que tenho de fazer é isolar algum detalhe sobre o qual já decidi, de antemão, que representaria a imagem toda. Digamos que me dêem a palavra *cavaleiro*. Tudo o que ela requer, agora, é a imagem de um pé com esporas. Antes, se me dessem a palavra *restaurante*, eu teria visto a entrada do restaurante, pessoas sentadas em seu interior, uma orquestra romena afinando os instrumentos, e mais um monte de coisas... Agora, quando me dão esta palavra, eu vejo algo como um estabelecimento e uma entrada pela qual se vê algo de branco no interior – só isso, e eu me lembraria da palavra. Portanto, minhas imagens mudaram bastante. Antes, elas eram mais bem delineadas, mais realistas. As que tenho agora não são tão bem definidas ou tão nítidas quanto as anteriores... Tento apenas isolar algum detalhe de que precisarei para me lembrar da palavra.

(Registro de dezembro de 1935)

Sua técnica de empregar imagens eidéticas consistia, então, em abreviar imagens e abstrair delas os detalhes vitais que lhe permitissem generalizar o todo. Elaborou um método similar por meio do qual podia eliminar a necessidade de imagens detalhadas e intricadas.

Antigamente, se eu tivesse de me lembrar da palavra *América*, tinha de estender uma corda muito longa sobre o oceano, da Rua Górki até a América, para não perder o caminho. Isso não é mais necessário. Digamos que receba a palavra *elefante*: eu veria um zoológico. Se me dessem *América*, eu erigiria uma imagem do Tio Sam; em caso de *Bismarck*, colocaria minha imagem perto da estátua de Bismarck; e, se tivesse a palavra *transcendente*, veria meu professor Sherbiny de pé, olhando para um monumento... Não faço mais todas aquelas operações complicadas, deslocando-me para diferentes países para lembrar-me de palavras.

(Registro de maio de 1935)

Ao abreviar suas imagens, encontrando-lhes formas simbólicas, S. logo chegou a um terceiro artifício que se revelou central para seu sistema de rememoração.

Como tinha de lidar com milhares de palavras em suas apresentações – com freqüência, palavras que seu público tornava deliberadamente complicadas e sem sentido –, S. foi forçado a *converter palavras sem sentido em imagens inteligíveis*. Descobriu que a maneira mais rápida de fazer isso era decompor as palavras ou frases sem sentido em suas partes constitutivas e tentar atribuir significado a uma sílaba isolada relacionando-a com alguma associação. Essa técnica exigia treino, mas com o tempo, trabalhando nela várias horas por dia, S. tornou-se um virtuose em decompor elementos sem sentido de palavras ou frases em partes inteligíveis que conseguia automaticamente converter em imagens. Na base desse artifício, que usava com impressionante facilidade e rapidez, estava um processo pelo qual ele "semantizava" as imagens, baseando-as em sons; além disso, colocava em uso complexos de reações sinestésicas que, como antes, serviam-lhe de garantia para uma rememoração precisa. Observem sua descrição da técnica:

> Se, digamos, recebo uma frase que não compreendo, como *Ibi bene ubi patria*, crio uma imagem de Benya (*bene*) e seu pai (*pater*). Apenas teria de lembrar que eles estão numa pequena casa em algum lugar da floresta, discutindo...
>
> (Registro de dezembro de 1932)

Limitar-nos-emos a alguns poucos exemplos que ilustrem o virtuosismo com que S. empregava essa técnica de combinar semantização e imagens eidéticas para se lembrar dos seguintes tipos de material: (1) palavras em língua estrangeira; (2) uma fórmula matemática sem sentido algum; e (3) sílabas sem sentido (o tipo de material com que tinha mais dificuldade de lidar). Também é interessante notar que ele era capaz de escrever relatos detalhados de suas façanhas muitos anos depois de terem ocorrido, embora, evidentemente, não o tivéssemos avisado que lhe faríamos perguntas sobre esses exemplos específicos de lembranças.

1. Em dezembro de 1937, S., que não conhecia o italiano, escutou a leitura dos quatro primeiros versos da *Divina comédia*:

> Nel mezzo del cammin di nostra vita
> Mi ritrovai per una selva oscura
> Che la diritta via era smarrita
> Ah quanto a dir qual era è cosa dura...

Como sempre, S. pediu que as palavras de cada verso fossem pronunciadas claramente, com pequenas pausas entre cada uma – sua única exigência para converter combinações de sons sem sentido em imagens compreensíveis. E, é claro, foi capaz de empregar sua técnica e reproduzir várias estrofes da *Divina comédia*, não apenas sem quaisquer erros, mas também com a mesma estrutura rítmica e a pronúncia exata. Além do mais, a sessão de teste deu-se quinze anos depois de ele ter memorizado essas estrofes e, como de costume, não foi antecipadamente alertado a esse respeito.

O que segue é seu relato dos métodos que empregou para implementar sua rememoração.

[*Primeiro verso*]
(*Nel*) – Eu estava pagando minha taxa de membro quando ali, no corredor, avistei a bailarina Nel'skaya.
(*mezzo*) – Eu mesmo sou um violinista; o que faço é criar a imagem de um homem, junto de [em russo: *vmeste*] Nel'skaya, que está tocando violino.
(*del*) – Há um pacote de cigarros Deli perto deles.
(*cammin*) – Crio a imagem de uma lareira [em russo: *kamin*] nas redondezas.
(*di*) – Então vejo uma mão apontando para uma porta [em russo: *dver*].
(*nostra*) – Vejo um nariz [em russo: *nos*]; um homem tropeçou e, ao cair, bateu o nariz no portal (*tra*).
(*vita*) – Ele levanta a perna ao passar pela soleira, pois ali há uma criança deitada, ou seja, um sinal de vida – vitalismo.

[*Segundo verso*]
(*Mi*) – Aqui construo a imagem de um judeu que confessa em voz alta: "Nós não tivemos nada a ver com isso."*
(*ritrovai*): (*ri*) – Esta é alguma resposta que lhe dão ao telefone.
(*tru-*) – Mas, como o telefone [em russo: *trubka*] é transparente, ele desaparece.
(*vai*) – O que vejo então é uma velha judia que sai correndo gritando "*Vai!*".
(*per*) – Vejo seu pai [*per*] que passa num cabriolé perto da esquina de Lubyanka.
(*una*) – Mas, ali na esquina de Sukharevka, vejo um policial de serviço com uma postura tão rígida que parece o número 1.
(*selva*) – Crio uma plataforma perto dele sobre a qual Silva está dançando. Mas, para ter certeza de que não cometerei um erro pensando tratar-se de Silva, faço as tábuas sob a plataforma rangerem (o que me dá o som *e*).

....
* Ele evoca a imagem de um judeu cujo sotaque iídiche altera a pronúncia do russo *mwi* ("nós"), dizendo "mi". (N. da T. ingl.)

(*oscura*) – Vejo uma haste [em russo: *os*] projetando-se da plataforma e apontando na direção de uma galinha [em russo: *kuritsa*].

[*Terceiro verso*]
(*Che*) – Isso poderia ser um chinês: *cha, chen**.
(*la*) – Perto dele coloquei a imagem de sua esposa, uma parisiense.
(*diritta*) – Essa aparece como minha assistente Margarita.
(*via*) – É ela quem diz "*via*" [em russo: *vasha*, "sua"], e estende-me sua mão.
(*era*) – Realmente, todas as coisas que podem acontecer a um homem nesta vida; ele vive toda uma "era".
(*smarrita*): (*sma*) – Vejo um bonde, uma garrafa de champanhe perto do motorista. Atrás dele está sentado um judeu usando um *talit* e recitando o *Shmah Israel***; é aí que o *sma* aparece. Mas ali também se encontra sua filha (Rita).

[*Quarto verso*]
(*Ah*) – *Ahi* em iídiche significa "aha!". Portanto, coloco um homem na praça fora do bonde começando a espirrar – *atchim!*. Assim, as letras *a* e *h* do iídiche subitamente aparecem.
(*quanto*) – Aqui uso um piano com teclas brancas no lugar de uma quinta.
(*a dir*) – Aqui sou levado de volta para Torzhok, para o meu quarto com o piano, onde vejo meu sogro. Ele diz: *Dir!* [em iídiche: "você"]. Quanto ao *a*, simplesmente coloco um *a* sobre a mesa do quarto. Mas, por tratar-se de um som branco, ele se perde no branco da toalha. (Foi por isso que não me lembrei dele.)
(*qual era*) – Vejo um homem a cavalo, vestindo um manto italiano – um cavaleiro. Mas, como não devo acrescentar ne-

....

* A palavra italiana *che* fora lida incorretamente, como se tivesse um som sibilante. (N. da T. ingl.)
** *Talit*: xale ritual; *Shmah Israel*: prece da liturgia judaica. (N. da T.)

nhum som que não estivesse no italiano, faço um jorro de champanhe sair da perna de meu sogro: "Era" champanhe.
(*è*) – Isso tirei de um trecho de Gogol: "Quem disse 'eh'?" – Bobchinsky e Dobchinsky*.
(*cosa*) – "Foi a empregada deles que viu o bode" [em russo: *koza*].
(*dura*) – "Diante disso disseram: 'Não se meta nisso, idiota [em russo: *dura*].'"

Poderíamos continuar extraindo citações desse registro, mas os trechos acima são suficientes para indicar os métodos de rememoração empregados por S. Poder-se-ia pensar que tal conglomerado caótico de imagens apenas complicaria a tarefa de lembrar os quatro versos do poema. Mas S. conseguia ouvir esses versos, escritos numa língua que ele não compreendia, e em alguns minutos compor imagens que podia "ler" em voz alta, reproduzindo os versos exatamente como os escutara. (E também foi capaz de repetir a façanha quinze anos mais tarde, de memória.) Não há dúvida de que os mecanismos que ele aqui descreve eram essenciais para sua rememoração.

2. Por volta do final de 1934, pediram a S. para lembrar uma fórmula "matemática" que fora simplesmente inventada e não tinha nenhum significado:

$$N \cdot \sqrt{d^2 \times \frac{85}{vx}} \cdot \sqrt[3]{\frac{276^2 \cdot 86x}{n^2 v \cdot \pi 264}} \; n^2 b = sv \frac{1624}{32^2} \cdot r^2 s$$

S. examinou a fórmula atentamente, levantando o papel várias vezes para olhá-la mais de perto. Depois deixou-a de lado, fechou os olhos por um instante, fez uma

---
* De *O inspetor geral*. (N. da T.)

pausa enquanto "repassava o material" na sua mente, e em sete minutos reproduziu com exatidão a fórmula. O seguinte relato de sua autoria indica os mecanismos por ele utilizados para ajudá-lo na rememoração.

> Neiman (N) apareceu e golpeou o chão com sua bengala (.). Olhou para o topo de uma árvore alta que se assemelhava ao signo da raiz quadrada ($\sqrt{\ }$) e pensou consigo mesmo: "Não é de espantar que a árvore tenha secado e começado a expor suas raízes. Afinal de contas, já estava aqui durante a construção destas duas casas" (d^2). Bateu com a bengala mais uma vez (.). Então disse: "As casas estão velhas, vou ter de riscá-las do mapa (×)*, a venda vai me trazer muito mais dinheiro." Ele investira 85.000 nelas (85). Vejo então o telhado da casa destacado (———), enquanto na rua vejo um homem tocando o Termenvox (vx). Ele está parado perto de uma caixa de correio, e na esquina há uma grande pedra (.) que foi colocada ali para impedir que as carroças batam contra as casas. Aqui, portanto, está a raiz quadrada, ali a árvore grande ($\sqrt{\ }$) com três gralhas em cima ($\sqrt[3]{\ }$). Simplesmente coloco o número 276 aqui, e uma caixa quadrada contendo cigarros no "quadrado" (^{2}). O número 86 está escrito na caixa. (Esse número também estava escrito do outro lado da caixa, mas, como não podia vê-lo do lugar onde eu estava, omiti-o quando recordei a fórmula.) Quanto ao x, é um estrangeiro de capa preta. Está caminhando em direção a uma cerca atrás da qual existe um ginásio de mulheres. Procura encontrar alguma maneira de passar pela cerca (———); tem um encontro marcado com uma das alunas (n), uma jovem elegante com um vestido cinza. Põe-se a falar enquanto tenta derrubar as

---

* A expressão em russo significa literalmente eliminar com um X, no sentido de "livrar-se de", "cortar fora". (N. da T. ingl.)

tábuas da cerca, chutando-as com um dos pés enquanto com o outro (^{2}) – oh, mas a garota com quem se depara é outra. Ela é feia – ugh! (*v*)... Nesse ponto sou levado de volta para Rezhitsa, para minha sala de aula com o grande quadro-negro... vejo ali uma corda balançando para a frente e para trás e dou um basta nisso (.). Sobre o quadro vejo o número π264, e escrevo depois dele n^2b.

Estou novamente na escola. Minha mulher me deu uma régua (=). Eu mesmo, Solomon-Veniaminovich (*sv*), estou sentando ali na classe. Vejo que um amigo meu escreveu o número $\frac{1624}{32^2}$. Tento ver o que mais ele escreveu, mas atrás de mim estão duas alunas, garotas (r^2), que também estão copiando e fazendo barulho para que ele não as note. "Sh", digo eu. "Silêncio!" (*s*).

Assim, S. conseguiu reproduzir a fórmula espontaneamente, sem nenhum erro. Quinze anos depois, em 1949, ele ainda era capaz de evocar seu padrão de rememoração nos mínimos detalhes, mesmo que não o tivéssemos avisado de que seria testado a esse respeito.

3. Em junho de 1936, S. realizou uma apresentação num dos sanatórios. Como ele mesmo descreveu posteriormente, essa foi a oportunidade em que lhe deram o material mais difícil de memorizar. Contudo, ele não só conseguiu sair-se bem como, quatro anos depois, foi capaz de reproduzi-lo para nós.

Durante a apresentação, ocorrida em 11 de junho de 1936, pediram a S. para lembrar-se de uma longa série de sílabas sem sentido que se alternavam da seguinte maneira:

1. ma va na sa na va
2. na sa na ma va

3.	sa	na	ma	va	na
4.	va	sa	na	va	na	ma
5.	na	va	na	va	sa	ma
6.	na	ma	sa	ma	va	na
7.	sa	ma	sa	va	na
8.	na	sa	ma	va	ma	na
etc.					

S. reproduziu as séries e quatro anos mais tarde, a meu pedido, repassou o método que empregara. A seguir, temos a descrição da apresentação que ele mesmo escreveu.

Como você deve se lembrar, na primavera de 1936 fiz uma apresentação que considero a mais difícil de toda a minha vida. Você anexara uma folha de registro ao papel e me pedira para escrever, uma vez terminada aquela apresentação, o que se passara por minha cabeça durante o seu transcurso. Mas, dado que as circunstâncias não me permitiram fazê-lo na época, é apenas agora, quatro anos depois, que finalmente encontrei a ocasião de realizá-lo. Embora muitos anos tenham se passado desde que fiz aquela apresentação, tudo está tão vivo, e a tudo vejo com tanta clareza, que mais parece uma apresentação de quatro meses atrás, e não de quatro anos atrás.

Durante a apresentação, um assistente leu as palavras em voz alta para mim, separando-as em sílabas como estas: MA VA NA SA NA VA etc. Nem bem escutara a primeira palavra e já me encontrava numa trilha da floresta perto do vilarejo de Malta, onde minha família tinha uma casa de verão quando eu era criança. À esquerda, no nível dos meus olhos, apareceu uma linha cinza-amarelada extremamente fina. Isso decorria do fato de todas as consoantes das séries estarem associadas à letra *a*. Depois, montinhos, borrões, sombras, maços, todos de cores, pesos e espessuras diferentes, rapidamente apareceram sobre a linha; eles representavam as letras *m, v, n, s* etc.

O assistente leu a segunda palavra e imediatamente vi as mesmas consoantes da primeira palavra, com a diferença de que estavam dispostas de outra forma. Dobrei à esquerda na trilha da floresta e continuei numa direção horizontal.

A terceira palavra. Droga! As mesmas consoantes de novo, só que mais uma vez a ordem fora modificada. Perguntei ao assistente se havia muito mais palavras como essas, e quando ele disse: "Praticamente todas", entendi que estava numa enrascada. Perceber que teria de lidar com aquela mesma repetição das mesmas quatro consoantes, todas elas associadas à mesma forma primitiva e monótona que a vogal *a* possui, foi suficiente para abalar minha confiança habitual. Se eu tivesse que ficar mudando de caminho na floresta para cada palavra, apalpar, cheirar e sentir cada lugar, cada mancha, isso até poderia ajudar, mas exigiria mais tempo. E, quando se está no palco, cada segundo conta. Vi alguém do público sorrindo, e também isso converteu-se imediatamente na imagem de uma ponta aguda, de modo que me senti apunhalado no coração. Decidi passar para as técnicas mnemônicas que pudessem me ajudar a lembrar-me das sílabas.

Mais aliviado, pedi ao assistente para ler as três primeiras palavras de novo, mas dessa vez como uma unidade, sem separá-las em sílabas. Como as palavras eram destituídas de sentido, o assistente ficou bastante tenso enquanto as lia, temendo cometer um deslize em algum ponto. Mas a repetição monótona da vogal *a* em cada sílaba ajudou a criar um ritmo e uma ênfase nítidos, de forma que as linhas soavam assim: MAVÁ-NASÁ-NAVÁ. A partir daí, fui capaz de reproduzir as séries sem pausas, e numa boa cadência.

Foi da seguinte maneira que resolvi isso mentalmente. Minha senhoria (*Mava*), em cuja casa da Rua Slizkaya morei por um certo tempo quando estava em Varsóvia, estava debruçada na janela que dava para um pátio. Com a mão esquerda apontava para dentro, para o cômodo (NASA) [em russo: *nasha*, "nosso"]; enquanto com a direita fazia um gesto de negação (NAVA) [expressão iídiche de negação] para um judeu, um vendedor de roupas usadas, que se encontrava no pátio com um saco pendurado no ombro direito. Era como se ela estivesse falando: "Não, nada à venda." *Muvi* em polonês significa "falar". Quanto a NASA, tomei o russo *nasha* como seu equivalente, lembrando-me o tempo todo de que estava substituindo o som de *s* da palavra original por um *sh*. Em seguida, no momento em que minha senhoria estava dizendo "Nasa", um raio de cor alaranjada (uma imagem que caracteriza o som *s* para mim) subitamente brilhou. Quanto a NAVA, significa "não" em letão. As vogais não eram importantes, já que eu sabia que só aparecia a vogal *a* entre todas as consoantes.

2. NASÁNAMÁVÁ: A essa altura, o vendedor de roupas usadas já saíra do pátio e encontrava-se na rua perto do portão da casa. Perplexo, ele levantou as mãos num gesto de desalento, lembrando que a senhoria dissera que nós [em russo: *nasha*; ou seja, NASA] não tínhamos nada para vender. Ao mesmo tempo, apontava para uma mulher de seios fartos, uma ama-de-leite, que se encontrava por perto (em iídiche, uma ama-de-leite é uma *n'am*). Nesse momento, um homem que por ali passava indignou-se com ele e disse "Vai!" (VA), o que equivale a dizer: é vergonhoso, para um velho judeu, olhar para uma mulher amamentando um bebê.

3. SANÁMAVÁNÁ: É aí que a Rua Slizkaya começa. Estou parado perto da torre Sukharevaya, aproximando-me dela vindo da Rua Primeiro Meshchanskaya (por algum motivo, encontro-me freqüentemente nessa esquina durante as apresentações). Perto dos portões da torre há um

trenó (SANA) [Em russo: *sani*, "trenó"] sobre o qual minha senhoria (*Mava*) está sentada. Ela está segurando uma longa laje branca com as letras NA [em russo: *na*, "sobre"] inscritas nela, e sobre a qual a torre está sendo arremessada – através dos portões! Mas para onde se dirige? Para a longa laje com a imagem NA gravada sobre, em cima [em russo: *nad*, "em cima"] dela – mais alta que qualquer pessoa, mais alta que uma casa térrea de madeira.

4. VASÁNAVÁNAMÁ: Aha! Aqui na esquina da Praça Kolkhoznaya com Sretenka está a loja de departamentos cujo vigia por acaso é minha amiga, a pálida ordenhadora Vasilisa (VASA). Ela está gesticulando com a mão esquerda para indicar que a loja está fechada (mais uma vez, o iídiche *nava*), um gesto dirigido a uma figura com quem já estamos familiarizados, a ama-de-leite NAMA, que apareceu por lá com a intenção de entrar na loja.

5. NAVÁNAVÁSAMÁ: Aha, NAVA de novo. Por um breve instante, uma enorme e transparente cabeça humana aparece perto dos portões Sretenski. Ela oscila para a frente e para trás na rua, como um pêndulo (minha imagem convencional para lembrar a palavra *não*). Posso ver outra cabeça igual a essa balançando para a frente e para trás mais abaixo, perto da ponte Kuznetsky, enquanto no centro da Praça Dzerzhinskaya uma imponente figura subitamente aparece – a estátua da comerciante russa (SAMA). *Sama*, entenda, é um termo muito usado pelos escritores russos para descrever uma proprietária.

6. NAMÁSAMÁVANÁ: Seria perigoso para mim usar novamente a ama-de-leite e a comerciante; em vez disso, então, saio caminhando pela alameda que leva ao teatro, onde, no parque público perto do Teatro Bolshoi, vejo a figura sentada da Noemi bíblica. Ela se levanta, e de repente um grande samovar branco (SAMA) aparece em suas mãos. Ela o está levando para uma banheira (VANA)

[em russo: *vanna*] que se encontra no pavimento perto do Cinema Oriente. É uma banheira de estanho branca por dentro, e tem a parte de fora esverdeada.

7. SAMÁSAVÁNÁ: Como tudo se torna simples! Vejo a figura maciça da comerciante (*Sama*), que agora veste uma mortalha branca (SAVANA) [em russo: *savan*, "mortalha"]. Ela sai de dentro da banheira, e de onde estou posso ver suas costas. Ela se dirige ao Museu de História. O que encontrarei ali? Veremos num instante.

8. NASÁMAVÁMANÁ: Que bobagem! Tenho de despender mais tempo inventando combinações do que simplesmente rememorando. NASA – o que obtenho revela-se uma imagem etérea que não serve para nada. Portanto, agarro-me à próxima parte da palavra. Interessante, não é mesmo? O que acontece? Em hebraico *n'shama* significa "alma". É o que uso para NASAMA. Quando criança, a imagem que eu tinha de uma alma era a dos pulmões e fígados de animais, que eu freqüentemente via na mesa da cozinha. O que acontece, então, é que perto da entrada do museu vejo uma mesa com uma "alma" sobre ela – ou seja, pulmões e fígado, e também uma tigela de mingau de semolina. Um oriental está de pé perto do centro da mesa, e grita com a alma: "Vai-vai" (VA) – "Não agüento mais mingau de semolina!" (MANA) [em russo: *mannaya kasha*, "mingau de semolina"].

9. SANÁMAVÁNAMÁ: Que ingenuidade a deles tentar provocar-me dessa forma! Reconheço isso de imediato como a cena perto da Torre Sukharevaya (a cena da terceira palavra que me foi proposta), com a diferença de que aqui a partícula MA foi acrescentada no final da palavra. Evoco a mesma imagem que usei antes, mas coloco-a na área entre o Museu de História e a grade que circunda os Jardins Alexandrovsky. A imagem é a da mulher amamentando um bebê, aqui uma "mama" (MA). Ela está sentada sobre a laje que vi antes.

10. VANÁSANÁVANÁ: Poderia continuar assim para sempre! Nos Jardins Alexandrovsky, na rua principal, há duas banheiras de porcelana (isso para distingui-las da banheira que usei na n.º 6). Elas representam as sílabas VANA VANA. Entre elas encontra-se uma enfermeira (SANA) [em russo: *sanitarka*, "paciente"] de uniforme branco. E, para essa palavra, isso é tudo!

Com certeza, não precisamos citar outros trechos do registro para demonstrar como S. substituiu a monótona alternância de sílabas dessas séries por ricas imagens visuais que podia subseqüentemente "ler em voz alta" conforme lhe aprouvesse. Em 6 de abril de 1944, oito anos depois de receber esse registro dele, pedi a S. para repetir seu desempenho (mais uma vez, sem nenhum aviso prévio). Ele não teve qualquer dificuldade, e apresentou uma reprodução impecável.

Os trechos aqui citados dos registros sobre S. podem dar a impressão de que o que realizava era uma reelaboração extremamente lógica (ainda que muito individual) do material que tinha de recordar. Porém, nada poderia estar mais longe da verdade. O trabalho gigantesco e verdadeiramente magistral que S. fez aqui, e que os muitos exemplos citados demonstram amplamente, consistia, em essência, numa operação que realizava sobre suas imagens ou, como denominamos no princípio deste capítulo, uma técnica de imagens eidéticas. Mas isso é muito diferente de usar métodos lógicos para reelaborar informações recebidas. Com efeito, embora S. tivesse um talento excepcional para decompor o material em imagens significativas, que podia selecionar cuidadosamente, mostrava-se bastante inapto em termos de organização lógica. Os mecanismos por ele empregados em sua técnica de imagens eidéticas em nada se parecem com a lógica dos mecanismos mnemônicos típicos (cujos desenvolvimento e estrutura psicológica já foram examinados em inúmeras pesquisas)*. Tudo isso aponta para um tipo distinto de dissociação que S. e outras pessoas com capacidades de memória figurativa extremamente desenvolvidas exibem: uma tendência a confiar exclusivamente em imagens, e a desconsiderar qualquer possibilidade de usar métodos lógicos de rememoração. Esse tipo de dissociação é fácil de demonstrar no caso de S., e citaremos apenas dois experimentos destinados ao exame desse tópico.

No final dos anos 20, quando começamos a trabalhar com S., o psicólogo L. S. Vigotski forneceu-lhe uma série de palavras para recordar, entre as quais encontravam-se vários nomes de pássaros. Em 1930, A. N. Leontiev, que na ocasião desenvolvia pesquisas sobre a memória de S., pediu-lhe para recordar uma série de palavras que incluía tipos de líquidos. Ao término dos experimentos, pediu-se a S. para enumerar os nomes dos pássaros que constavam da primeira série, e os nomes de líquidos que constavam da segunda série.

Naquela época, S. ainda rememorava o material principalmente "em termos de linhas", e a tarefa de isolar as palavras das séries que formavam uma categoria distinta simplesmente estava além de sua capacidade. Ele deixara de notar que entre as palavras para recordar havia algumas *relacionadas pelo sentido*, fato esse que só reconhe-

---

* Ver A. N. Leontiev: *The Development of Memory* (Moscou, Academy Communist Education, 1931) e *Problems of Mental Development* (Moscou, Academy of Pedagogical Sciences, 1959); e A. A. Smirnov, *The Psychology of Recall* (Moscou, Academy of Pedagogical Sciences, 1948).

ceu depois de "ler em voz alta" todas as palavras das séries e ter a oportunidade de compará-las.

Uma situação parecida ocorreu vários anos mais tarde, em uma das apresentações de S. Ele recebeu um diagrama contendo as seguintes séries de números para recordar (ver Tabela 3). Com um intenso esforço de concentração, passou a recordar toda a série de números por meio de seus mecanismos costumeiros de rememoração visual, sem perceber que os números das séries progrediam numa ordem lógica simples:

Tabela 3

1 2 3 4
2 3 4 5
3 4 5 6
4 5 6 7
etc.

Como ele observou mais tarde:

> Se me dessem as letras do alfabeto arrumadas numa ordem similar, eu não teria notado sua arrumação. Para ser franco, teria simplesmente ido adiante, memorizando-as, embora pudesse ter tomado consciência disso ao escutar os sons de minha própria voz lendo as séries. Sem dúvida, porém, não o teria percebido antes.

Que melhor prova poderíamos ter da discrepância entre a rememoração de S. e a ordenação lógica do material que é próprio de qualquer mente madura?

Abarcamos praticamente todas as informações que obtivemos dos experimentos e das conversas com S. sobre sua prodigiosa memória, cujos mecanismos pareciam, por um lado, tão óbvios, e ao mesmo tempo tão insondáveis para nós. Aprendemos muito sobre a intricada estrutura de sua memória: que formava como que um acúmulo de complexas impressões sinestésicas que não se perdiam com o passar dos anos; que, somado à sua natureza figurativa já tão rica, seu uso magistral de imagens eidéticas convertia cada complexo de sons em imagens gráficas, permitindo ao mesmo tempo um livre fluxo das velhas reações sinestésicas. Além disso, sabíamos que S. conseguia recordar números (para ele o tipo mais simples de material) por rememoração visual espontânea; que tinha de lidar com palavras em termos das imagens que elas evocavam; mas que, quando se tratava de recordar sons sem sentido ou combinações de sons, voltava para um tipo extremamente primitivo de sinestesia – recordando-os em termos de "linhas" e "borrões". Além do mais, ele às vezes aplicava sua técnica de "codificar o material em imagens", uma técnica que aprimorou em sua carreira de mnemonista profissional.

No entanto, quão pouco ainda sabíamos sobre sua prodigiosa memória! Como, por exemplo, podíamos explicar a tenacidade com que essas imagens se mantinham em sua mente, sua capacidade de retê-las não apenas por anos, mas por décadas? De modo similar, qual a explicação para o fato de as centenas de milhares de séries que recordava não terem o efeito de se inibirem umas às outras, mas que S. pudesse selecionar as séries, conforme a sua vontade, dez, doze ou até dezessete anos depois de tê-las memorizado pela primeira vez? Como alcançara essa capacidade de possuir traços mnêmicos indeléveis?

Já sublinhamos que as idéias estabelecidas sobre a memória simplesmente não se aplicam a S. No seu caso, os traços deixados por um estímulo não inibem os de outro; nada indicava que eles viessem a extinguir-se com o tempo, nem que pudessem tornar-se menos seletivos com os anos. Era impossível estabelecer um limite para a capacidade ou a duração de sua memória, ou encontrar nele qualquer indicação da dinâmica pela qual os traços de memória se extinguem com o passar do tempo. Do mesmo modo, não encontramos qualquer indicação do "fator da extremidade", pelo qual as pessoas tendem a lembrar melhor os primeiros e os últimos elementos de uma série do que os do meio. Além disso, o fenômeno da reminiscência, a tendência de os traços aparentemente extintos retornarem após um breve período de imobilidade, também parecia estar ausente no caso de S.

Como já ressaltamos, sua rememoração podia ser melhor explicada em termos dos fatores que governam *a percepção e a atenção* do que em termos aplicáveis à memória. Por exemplo, era incapaz de reproduzir uma palavra se sua atenção fosse desviada ou quando não conseguia "vê-la" com clareza. Sua recordação dependia de fatores como o grau de iluminação ambiente, o tamanho e o posicionamento de uma imagem, do fato de a imagem ter ou não ter sido obscurecida por uma sombra que surgia se de repente a voz de alguém viesse imiscuir-se em sua consciência.

Contudo, a memória de S. não podia ser interpretada como idêntica ao tipo de "memória eidética" estudada tão minuciosamente pela psicologia científica trinta ou quarenta anos atrás. Em primeiro lugar, S. nunca substituía uma pós-imagem negativa por uma positiva numa série, o que é um aspecto característico do "eideticismo"; suas imagens também se caracterizavam por uma intensa mobilidade, no sentido de que podiam, facilmente, transformar-se em instrumentos de concretização de seus propósitos. A isso vinha somar-se o fato de que a sinestesia tornava sua memória muito mais complexa e singular do que o tipo usual de memória eidética.

Apesar da técnica extremamente complexa que S. desenvolvera para utilizar imagens eidéticas, sua memória continuava sendo um exemplo marcante de rememoração espontânea. É verdade que ele emprestava alguns significados àquelas imagens em que podia se apoiar; no entanto, continuava a *ver* as imagens e a experimentá-las sinestesicamente. E não precisava de organização lógica, pois as associações que *suas* imagens produziam reconstituíam-se sempre que revivia a situação original na qual algo fora registrado em sua memória.

Não há dúvida de que a memória excepcional de S. era uma característica inata, um elemento de sua individualidade, e que as técnicas por ele empregadas simplesmente se sobrepunham a uma estrutura preexistente e não a "estimulavam" com outros mecanismos além daqueles que lhe eram naturais*.

Até agora descrevemos as peculiaridades demonstradas por S. na rememoração de elementos isolados como números, sons e palavras. Ficou em aberto a questão de saber se o mesmo se aplicava à sua rememoração de ma-

------

* Existem algumas evidências de que os pais de S. apresentavam peculiaridades de memória semelhantes às que aqui descrevemos. De acordo com S., quando seu pai era proprietário de uma livraria, lembrava-se com facilidade onde cada livro se encontrava; e sua mãe, uma judia devota, conseguia citar longos parágrafos da Torá. Conforme informações que obtivemos em 1936 do professor P. Dahle, que realizou observações da família de S., um sobrinho também tinha uma memória notável. Contudo, não possuímos um número suficiente de informações confiáveis que nos permitam concluir que a memória de S. era genotípica por natureza.

teriais mais complexos – descrições de pessoas, acontecimentos, trechos de livros.

S. queixara-se muitas vezes de ter memória fraca para rostos: "Eles mudam tanto", dizia. "A expressão de uma pessoa depende do seu humor e das circunstâncias em que se dá o encontro. O rosto das pessoas muda constantemente; são as diferentes gradações de expressão que me confundem e fazem com que seja tão difícil recordar rostos."

As reações sinestésicas de S., que nos experimentos acima descritos auxiliavam na sua rememoração, tornavam-se aqui um obstáculo à memória. Pois, ao contrário de outras pessoas, que tendem a escolher certos aspectos a fim de recordar rostos (um processo que ainda não foi devidamente estudado pela psicologia), S. via rostos como padrões mutativos de luz e sombra, o mesmo tipo de impressão que uma pessoa teria se ficasse sentada à janela observando o fluxo e o refluxo das ondas do mar*. Quem, de fato, conseguiria "lembrar-se" de todas as flutuações dos movimentos das ondas?

Não menos surpreendente para o leitor deve ser o fato de saber que a apreensão, por parte de S., de *passagens completas* de um texto era bastante deficitária. Já sublinhamos que, num primeiro contato, ele passava a impressão de uma pessoa desorganizada e um tanto tola, impressão que se reforçava sempre que ele tinha de lidar com uma história que lhe fora lida. Se a história fosse lida num ritmo acelerado, o rosto de S. registrava confusão e,

....
* Devemos ter em mente que nem mesmo as pesquisas sobre casos patológicos de pessoas com dificuldade para recordar rostos – a assim chamada agnosia para rostos, ou "prozopagnosia" (da qual foram descritos muitos exemplos em revistas de neurologia) – oferecem uma base real para a compreensão desse complicado processo.

por fim, um profundo desconcerto. "Não", dizia ele. "Isso é demais. Cada palavra evoca imagens; elas colidem entre si e o resultado é o caos. Não consigo compreender nada. E, além disso, há também a sua voz... outra sombra... então tudo se embaralha."

S. tentou uma leitura mais pausada, criando uma certa ordem para as suas imagens e, como veremos no trecho a seguir, efetuando, com o material, um trabalho muito mais difícil e exaustivo do que aquele realizado por outras pessoas, para as quais a palavra escrita não evoca tais imagens concretas, e que operam de forma mais simples e direta, isolando os pontos essenciais de um trecho qualquer – aqueles que fornecem o máximo de informação.

As observações abaixo reproduzidas foram extraídas do registro de uma conversa que tivemos com S. em 14 de setembro de 1936:

> Há um ano, leram-me um título de transferência relativo a um comerciante que vendera tantos metros de tecido... Assim que ouvi as palavras *comerciante* e *vendera*, vi tanto a loja quanto o seu proprietário, de pé atrás do balcão com apenas a parte superior do corpo visível para mim. Ele estava tratando com um representante da fábrica. Parado na porta da loja, conseguia ver o comprador, cujas costas estavam voltadas para mim. Quando ele se moveu um pouco para a esquerda, vi não só a fábrica como também alguns livros de contabilidade – detalhes que nada tinham a ver com a transferência. Assim sendo, não consegui captar o essencial da história.
>
> Eis aqui outro exemplo. Também há um ano, quando eu era presidente de uma organização sindical, tinha de investigar todos os conflitos que aparecessem... Certa vez eles estavam descrevendo alguns discursos proferidos numa tenda de circo em Tashkent, e outros pronunciados

numa assembléia em Moscou... Vi todos os detalhes... Transportei-me mentalmente para Moscou e Tashkent. Mas isso é justamente o que não devo fazer. É desnecessário. Não importa se as negociações se deram em Tashkent ou outro lugar. O que importa são as condições que estão sendo descritas. Fui forçado a bloquear todos os elementos que não fossem essenciais, cobrindo-os em minha mente com uma grande tela.

A arte de esquecer

Isso nos leva para a última questão a ser esclarecida para que possamos ter um quadro mais completo da memória de S. Embora o problema seja em si mesmo paradoxal, e sua solução permaneça obscura, ainda assim devemos enfrentá-la.

Muitos de nós anseiam por encontrar meios de aprimorar nossas memórias; nenhum de nós tem de lidar com o problema de como esquecer. No caso de S., entretanto, tratava-se precisamente do oposto. A sua grande questão, a que mais o perturbava, era como aprender a esquecer.

Nas passagens acima citadas, tivemos o primeiro vislumbre dos problemas com que S. deparava ao tentar compreender e rememorar um texto. Havia inúmeros detalhes no texto, cada qual dando lugar a novas imagens que o levavam para longe; mais detalhes produziam mais detalhes ainda, até que sua mente se transformava num verdadeiro caos. Como poderia evitar essas imagens, impedir-se de ver detalhes que não lhe permitiam compreender uma simples história? Era desse modo que S. formulava o problema.

Ademais, no seu trabalho de mnemonista profissional, terminara por deparar-se com outro problema. Como poderia aprender a *esquecer* ou *apagar* imagens de que não mais necessitava? A solução para o primeiro problema revelou-se bastante simples, pois, à medida que continuava aprimorando sua técnica de usar imagens para rememorar, tendia a fazer um uso crescente de versões taquigráficas delas, o que automaticamente eliminava detalhes superficiais. Em suas próprias palavras:

> Eis o que aconteceu ontem, quando eu ouvia, no rádio, o relato da chegada de Levanevsky. Antes, eu teria visto tudo: o aeroporto, a multidão, o cordão policial que fora montado... Agora, isso não mais acontece. Não vejo o aeroporto, e para mim não faz diferença se Levanevsky aterrissou em Tushino ou em Moscou. Tudo o que vejo é um pequeno trecho da auto-estrada de Leningrado, o lugar mais conveniente para encontrá-lo... O que me importa, agora, é captar cada palavra que ele diz, independentemente de onde o evento aconteça. Mas, se isso tivesse acontecido dois anos atrás, ficaria preocupado de não ver o aeroporto e todos os outros detalhes. Fico feliz, agora, por ver apenas o essencial. O cenário não é importante; o que aparece agora são os itens necessários, e não todas as circunstâncias menores. E isso representa uma grande economia.

Com o tempo, as tentativas de S. de focalizar sua atenção, de isolar os detalhes essenciais como base a partir da qual poderia generalizar o todo, deram resultado. Antes, era comum ter de "isolar o que tinha visto", tapando-o com uma "grossa tela", ao passo que nessa fase isolava automaticamente os detalhes excessivos, escolhendo pontos de informação que usava no seu método taquigráfico de codificação de imagens.

O segundo problema, contudo, era mais difícil de resolver. S. freqüentemente fazia várias apresentações por noite, às vezes no mesmo auditório, onde os diagramas de números que tinha de recordar eram escritos no único quadro-negro ali existente, e depois apagados antes da próxima apresentação. Isso criava certos problemas, que ele assim descreve:

> Receio começar a confundir as várias apresentações entre si. Assim, apago de minha mente o quadro-negro e cubro-o, por assim dizer, com uma película completamente opaca e impenetrável. Arranco-a do quadro e escuto-a ranger enquanto a transformo numa bola. Ou seja, depois de terminada cada apresentação, apago o quadro, afasto-me dele e, mentalmente, amasso a película que usei para cobrir o quadro. Enquanto continuo conversando com o público, sinto-me apertando essa película com as mãos e transformando-a numa bola. Mesmo assim, quando começa a apresentação seguinte e eu me dirijo ao quadro-negro, os números que apaguei têm a propensão de reaparecer. Se eles se alternam de uma maneira que lembre, ainda que vagamente, a ordem de uma das apresentações anteriores, posso não perceber isso a tempo e ler o diagrama de números que ali havia sido escrito antes.
>
> (Extraído de uma carta de 1939)

Como S. lidou com isso? Durante as primeiras fases, suas tentativas de elaborar uma técnica de esquecimento eram de natureza extremamente simples. Por que, pensava ele, não poderia usar algum recurso externo que o ajudasse a esquecer – transcrever o que não desejava mais lembrar? Para outros, isso pode parecer estranho, mas para S. era uma conclusão bastante natural. "As pessoas tomam nota das coisas para não esquecê-las", dizia ele. "Isso me parecia ridículo, e então resolvi fazer as coisas à minha maneira." A seu ver, uma vez que tivesse anotado alguma coisa, não mais precisaria lembrar-se dela; mas, se não fosse possível tomar notas, ele a decoraria.

Anotar alguma coisa significa que sei que não mais precisarei lembrar-me dela. Comecei, portanto, a fazer isso com pequenas coisas, como números de telefone, sobrenomes, recados de um ou outro tipo. Mas isso não me levou a lugar algum, pois na minha mente continuava vendo o que havia escrito... Então tentei escrever todas as notas num mesmo tipo de papel, usando o mesmo lápis todas as vezes. Mas continuou não funcionando.

S. foi mais além: e começou a jogar fora, e depois a queimar os pedaços de papel nos quais anotara o que desejava esquecer. Temos aqui, pela primeira vez, evidências de algo a que teremos a oportunidade de retornar neste relato: que a rica imaginação figurativa de S. não estava totalmente desconectada da realidade; ao contrário, ele se voltava para objetos do mundo externo quando precisava de um instrumento para elaborar alguma operação mental.

O "ato mágico de queimar" por ele tentado não lhe foi de nenhuma utilidade. Depois de ter queimado um pedaço de papel com alguns números que desejava esquecer e ter descoberto que ainda conseguia ver os vestígios dos números nas cinzas, ficou desesperado. Nem mesmo o fogo conseguia apagar os vestígios daquilo que desejava esquecer!

O problema de esquecer, que não fora resolvido por essa tentativa ingênua de queimar as anotações, tornou-se para ele um tormento. Contudo, quando concluiu pela impossibilidade de encontrar uma solução, ocorreu algo que

Sua memória

se mostrou eficaz, embora permanecesse tão inescrutável para ele quanto para nós que o estudávamos.

Certa noite – dia 23 de abril – estava exausto depois de ter feito três apresentações, e me perguntava como conseguiria enfrentar a quarta. Ali, bem à minha frente, estavam os diagramas de números das três primeiras apresentações. Era um problema terrível. Pensei: "Vou dar uma olhada e ver se os primeiros diagramas de números ainda estão lá." De certa forma, temia que não estivessem. Queria e não queria que surgissem... E então pensei: o diagrama de números não está aparecendo agora, e o motivo é claro – é porque não quero que apareça! Aha! Isso significa que, se eu não quiser que o diagrama apareça, ele não vai aparecer. E tudo que precisei fazer foi tomar consciência disso.

Por mais estranho que pareça, tal estratégia deu resultado. É possível que S. tivesse se fixado numa *ausência de imagens*, e que isso tivesse alguma relação com o que ocorreu. Provavelmente, também, sua atenção fora distraída, ou a imagem inibida, e o efeito de auto-sugestão que a isso se veio somar foi suficiente para destruí-la. Parece inútil fazer conjeturas sobre um fenômeno que permanece inexplicável. O que temos são indícios dos resultados obtidos.

Naquele momento, senti que estava livre. A compreensão de que tinha alguma garantia de que não cometeria erros tornou-me mais confiante. Comecei a falar de modo mais livre, dando-me inclusive ao luxo de fazer pausas quando me dava vontade, pois sabia que, se não quisesse que uma imagem aparecesse, ela não o faria. Sentia-me maravilhosamente bem...

O acima exposto esgota as informações sobre a fenomenal memória de S.: o papel desempenhado pela sinestesia; sua técnica de usar imagens, ou de negá-las (os mecanismos envolvidos nesta última técnica continuam tão estranhos e difíceis de entender como sempre). Tudo isso nos leva a um outro lado de sua história, para o qual nos voltaremos agora.

Discutimos os hábitos de percepção e rememoração de S.: a impressionante precisão de sua memória; a tenacidade com que as imagens, uma vez evocadas, se conservavam em sua mente. Também observamos a estrutura peculiar dessas imagens e as operações que levavam S. a realizar para que servissem aos seus propósitos. Resta-nos explorar o mundo interno de S., para ter uma idéia de sua personalidade e seus modos de pensar.

Que impactos tiveram as várias facetas da memória de S., que aqui descrevemos, sobre sua apreensão das coisas, no mundo particular em que vivia? Seus hábitos de pensamento eram iguais aos das outras pessoas, ou havia nele características únicas de comportamento e personalidade?

Aqui começa um relato de fenômenos tão intrigantes que muitas vezes ficaremos com a mesma sensação que a pequena Alice teve depois de escorregar pelo espelho e encontrar-se num estranho país das maravilhas.

4. Seu mundo

Um indivíduo vive num mundo de pessoas e coisas: ele vê objetos, ouve sons, apreende o sentido das palavras. As experiências de S. eram como as de qualquer homem comum, ou seu mundo terá sido muito diferente do nosso?

Pessoas e coisas

A extraordinária memória de S. dava-lhe uma vantagem clara: ele tinha lembranças que remontavam à infância, recordações que muitos de nós podem nunca ter formado, ou que se perderam devido ao grande número de impressões subseqüentes que a elas vieram sobrepor-se. Também é possível que nossas impressões não se inscreveram enquanto tais num período precoce de nossas vidas porque nossa ferramenta básica de memória, a fala, ainda não estava desenvolvida.

Que recordações costumamos ter da primeira infância? Alguma figura, talvez, colada na tampa da caixa de brinquedos? Os degraus de uma escada onde nos sentáva-

mos quando crianças? A impressão de uma colcha que tínhamos, a sensação de aconchego que ela nos dava?
Não nos surpreende que as lembranças que S. conservou da primeira infância fossem muito mais ricas que as nossas. Pois sua memória nunca se transformou num mecanismo de transformar reminiscências em palavras, que é o que nos acontece quando ainda muito crianças. Ao contrário, sua memória continuou a evocar, espontaneamente, imagens que faziam parte de um período precoce da consciência. E podemos confiar mais ou menos em seus relatos; embora não precisemos acreditar em todas as coisas que ele diz, uma boa parte delas é passível de verificação. Deveríamos, contudo, acompanhar de perto as cenas que ele evoca, quando não os fatos, que são sempre duvidosos, para observar o estilo no qual ele as transmite, um estilo típico de S. já na época em que o conhecemos.

... Eu era muito pequeno então... talvez nem tivesse um ano... O que me vem à cabeça mais claramente é a mobília do quarto, não toda ela, não me lembro disso direito, mas o canto do quarto onde ficava a cama de minha mãe e meu berço. Um berço é uma cama pequena com barras de ambos os lados, com peças de vime arqueadas na parte de baixo, e que balança... Lembro-me que o papel de parede do quarto era marrom, e a cama branca... Posso ver minha mãe tomando-me nos braços, em seguida ela me deita novamente...Sinto o movimento... um sentimento de calor, depois uma desagradável sensação de frio.

A luz é algo de que me lembro com muita clareza. Durante o dia parecia "assim", mais tarde, "assado" – o crepúsculo. Depois vinha a luz amarela do abajur – parecia "assim".

(Registro de agosto de 1934)

Até aqui, as lembranças de S. apenas vêm somar-se àquele tipo de imagens que qualquer um de nós poderia facilmente evocar, com a diferença de que podem ser mais nítidas para algumas pessoas, e mais difusas para outras. Mas podemos detectar outras características em sua história. As imagens precisas da infância tendem a recuar para o plano de fundo, e o que permanece são vagas sensações sinestésicas, um estado no qual não há um limite concreto entre percepções e emoções; onde imagens do mundo externo se misturam e tornam-se parte de experiências difusas; onde as sensações parecem tão vagas e incertas que fica difícil encontrar palavras que as expressem.

É essa a sensação que eu tinha de minha mãe: até o momento em que comecei a reconhecê-la, era apenas um sentimento – "Isso é bom." Nenhuma forma, nenhum rosto, apenas alguma coisa que se inclinava sobre mim e era um manancial de coisas boas... Agradáveis... Ver minha mãe era como olhar para algo através das lentes de uma câmara. Primeiro, não é possível distinguir nada, apenas uma mancha redonda e embaçada... aí aparece um rosto, depois seus traços tornam-se mais nítidos.

Minha mãe me toma em seus braços. Não vejo suas mãos. Tudo o que tenho é a sensação de que, depois que a sombra aparece, algo vai acontecer comigo. Estão me pegando agora. Agora vejo as mãos deles. Sinto algo ao mesmo tempo agradável e desagradável... Deve ter sido porque, quando me limpavam, faziam-no sem muita delicadeza, e a sensação não era boa... ou quando me tiravam do berço, particularmente à noite. Estou deitado ali e a sensação é "assim"... Logo será diferente – "assim". Estou assustado, choro, e o som de meu próprio choro só me faz chorar mais... Já então compreendia que depois de um sentimento "assim" haveria barulho, depois quietude. Logo em seguida, conseguia sentir a presença de um pêndulo, um balanço para a frente e para trás...

(Registro de agosto de 1934)

Vejo minha mãe com grande nitidez – uma mancha embaçada, depois algo agradável, depois um rosto. Em seguida, movimento. Quanto a meu pai, reconheci-o pela voz. Mamãe estava de um lado do meu berço e me balançava, enquanto meu pai balançava do outro lado e bloqueava a luz que dali vinha. Deve ter se inclinado sobre mim – foi por isso que ficou escuro. Deve ter entrado no quarto pelo lado de onde vinha a luz...

E isso deve ter acontecido quando me vacinaram contra varíola... Lembro-me de ter visto uma massa de neblina, depois de cores. Sei que isso significa que havia barulho, algo como uma conversa ou coisa do gênero... Mas não sinto dor... Vejo-me na cama de minha mãe, primeiro com a cabeça voltada para a parede, depois olhando para a porta... Reconheço o som de minha própria voz. Sei que depois disso haverá barulho – deve ser meu choro... Estão me fazendo algo. Depois do barulho, uma névoa. Em seguida, a sensação de que será "assim", depois "assado".

Não era essa a impressão que eu tinha de molhar a cama... Não sabia se era bom ou ruim... Lembro-me de como a cama começava a ficar molhada. Primeiro uma sensação agradável, uma sensação de calor, depois de frio, depois de algo não muito gostoso, que queima. Começo a chorar... Eles não me punem... Lembro-me de certa vez – foi quando dormi na cama com minha mãe, mas eu já aprendera a subir nela. Lembro-me de mamãe apontando para uma mancha na cama. Posso ouvir sua voz. É provável que naquela época eu apenas soubesse balbuciar...

... E havia mais alguma coisa, algo incômodo, frio, uma sensação que eu tinha de um lugar, como aquele que você vê quando eles o sentam no penico ali, próximo da porta que ficava ao lado do fogão. Estou chorando. Parece que quando eles me põem sentado no penico, não tenho mais o que fazer ali. Tinha medo daquilo... Por dentro é branco, por fora tem uma cor esverdeada, mas no meio, na parte interna esmaltada, há uma grande mancha negra... Acho que parece uma barata na parede. Depois, pensei que fosse um *zhuk**.

(Registro de setembro de 1934)

É difícil afirmar se os elementos desta descrição referem-se a experiências reais que S. teve em sua infância ou se refletem as impressões peculiares a ele mesmo quando adulto, quando o conheci. Ambas as explicações são possíveis, e seria uma perda de tempo deliberar a esse respeito, pois uma coisa é certa: S. continuava a ter reações sinestésicas difusas que, segundo os neurologistas, só se manifestam em adultos com o tipo mais primitivo de sensibilidade "protopática". Ademais, isso caracterizava quase todas as sensações por ele experimentadas, o que explica por que, no seu caso, era tão difícil determinar qualquer linha divisória entre uma sensação e outra, ou entre sensações e experiências reais de acontecimentos. Observe-se, por exemplo, o seguinte:

... Eu tinha 10 ou 11 anos, e estava embalando minha irmã para fazê-la dormir. Como havia muitas crianças na nossa família, eu, sendo o segundo mais velho, muitas vezes tinha de embalar as menores para que dormissem... Já havia cantado todas as músicas que conhecia. (Tinha de cantar em voz alta, pois é preciso estar nebuloso para que

....
* Sua associação é com *zhuk* (russo para "besouro"). (N. da T. ingl.)

alguém consiga dormir.) Mas por que ela estava demorando tanto para dormir? Fechei os olhos e tentei sentir por que ela não conseguia adormecer. Acabei adivinhando o motivo... Talvez fosse também devido a um *zhuk*? Então peguei uma toalha, coloquei-a sobre seus olhos... e ela adormeceu.

(Registro de setembro de 1934)

Quase todas as qualidades que mais nos interessam a respeito da memória de S. podem ser encontradas nesse trecho: reações sinestésicas ("Tinha de cantar em voz alta, pois é preciso estar nebuloso para que alguém consiga dormir"); difusas experiências infantis de medo; a tentativa de penetrar na consciência de outra pessoa, fechando os olhos e imaginando o que a pode estar perturbando (um aspecto do comportamento de S. ao qual retornaremos). E, se dermos crédito ao relato de S., tudo isso se passava na mente de um menino de 10 ou 11 anos. Com efeito, essas reações sinestésicas e essas experiências difusas não se limitaram à sua meninice; elas persistiram na vida adulta. Na verdade, podemos encontrar vários exemplos de tais reações e experiências ao analisarmos os hábitos de percepção de S. e certos aspectos característicos de sua vida consciente. A seguir, apresentamos apenas alguns exemplos de relatos seus.

Ouvi o toque da campainha. Um pequeno objeto redondo rolou bem diante dos meus olhos... meus dedos sentiram alguma coisa áspera como uma corda... Depois, senti um gosto de água salgada... e de algo branco.

(Registro de fevereiro de 1936)

No exemplo acima, todas as sensações são despertadas: a campainha não apenas evoca uma imagem visual direta, como também tem qualidades táteis, tem a cor branca e um gosto salgado. Esses elementos sinestésicos persistiam a cada impressão recebida do mundo externo.

... Estou sentado num restaurante – há música. Sabe por que tocam música nos restaurantes? Porque ela modifica o gosto de tudo. Se você escolher o tipo certo de música, tudo adquire um melhor sabor. As pessoas que trabalham em restaurantes certamente sabem disso...

E mais:

... Sempre experimento sensações como estas que descrevo a seguir. Quando ando de bonde, consigo sentir em meus dentes o som que ele produz. Assim, certa vez fui comprar sorvete, pensando que iria sentar-me lá e comê-lo sem ter de ouvir esse som. Aproximei-me da vendedora e perguntei-lhe que tipos de sorvetes tinha. "Sorvete de frutas", disse ela. Mas respondeu num tal tom que um monte de carvão e cinzas escuras jorrou de sua boca, e desisti de comprar qualquer sorvete depois de ela ter respondido dessa maneira...

Outra coisa: Se leio enquanto como, levo muito tempo para entender o que estou lendo – o gosto da comida torna ininteligível o sentido...

(Registro de maio de 1939)

Decido o que vou comer em função do nome da comida, do som da palavra. É idiota dizer que a maionese tem um gosto bom. O *z* (conforme a pronúncia russa) arruina o gosto – não é um som atraente... Por muito tempo, não conseguia comer galinha silvestre. Uma galinha é uma coisa saltitante. E, se um cardápio estiver mal escrito, simplesmente não consigo comer – fica parecendo uma coisa imunda...

Eis o que aconteceu certa vez. Fui a um local comer e o garçom perguntou-me se poderia me servir biscoitos. Mas ele trouxe pãezinhos... "Não", pensei, "isso não é biscoito; os sons de *r* e de *zh* nos biscoitos [em russo: *korzhiki*] são sons tão duros, crocantes, cortantes..."

(Registro de maio de 1939)

Essas experiências não se aplicavam a todo o universo de S., mas é evidente que não temos, aqui, uma linha divisória entre cor e som, entre sensações de paladar e de tato. Ao contrário, ele sente sons uniformes e frios, e cores ásperas; tonalidades salgadas e cheiros brilhantes, claros ou cortantes, tudo tão entretecido e confundido que fica difícil distinguir uma sensação de outra.

Isso nos leva a uma outra questão. Qual o efeito da sinestesia sobre a percepção da fala de S.? O que as palavras significavam para ele? Haveria também, nas palavras, essas mesmas misturas de sinestesia que transformavam barulho em "baforadas de vapor", e alteravam o sabor de um prato se fosse mencionado num tom de voz "desagradável" ou "cortante"? O que S. fazia com o significado das palavras?

Palavras

Já vimos, acima, como S. interpretava o sentido mediante sua referência a um *zhuk*, uma expressão que usara na infância. O que, para ele, queria realmente dizer essa palavra que, no seu primeiro uso, significava "besouro", mas que mais tarde adquiriu um espectro tão grande de significados?

... Um *zhuk* – é um pedaço denteado no penico... É um pedaço de pão de centeio... E, à noite, quando você acende a luz, isso também é um *zhuk*, pois o quarto todo não fica iluminado, apenas uma pequena área, enquanto todo o resto permanece escuro – um *zhuk*. Verrugas também são um *zhuk*... Agora vejo-as ao sentar-me diante de um espelho. Há barulho, risadas. Meus olhos me olham do espelho – escuros – eles também são um *zhuk*... Agora estou deitado no meu berço... Escuto um grito, barulho, ameaças. Depois, alguém está fervendo algo na chaleira de chá esmaltada. É minha avó fazendo café. Primeiro, ela deixa cair algo vermelho na chaleira, depois o tira – um *zhuk*. Um pedaço de carvão – isso também é um *zhuk*... Vejo-os acendendo velas no sabá. Uma vela está queimando no castiçal, mas parte da cera ainda não derreteu. A mecha bruxuleia e se apaga. Então tudo fica escuro. Estou assustado, choro – isso também é um *zhuk*... E quando as pessoas servem chá com desleixo, e os pingos caem fora da xícara e vão parar no pires, isso também é um *zhuk*.

(Registro de setembro de 1934)

Como isso soa familiar aos psicólogos! Shtumpf observou que seu filho pequeno empregava *kwa* para dizer pato, uma águia gravada numa moeda e a própria moeda. Ou tomemos a expressão com que todos estamos familiarizados, o som *khe* que uma criança usa para designar não apenas um gato e sua pele, mas também uma pedra afiada com que se arranhou. De fato, há um autêntico toque de infância nas histórias de S. Contudo, apesar de o vasto espectro de sentidos que as crianças atribuem às palavras ser um fenômeno bastante comum, logo nos damos conta de aspectos inéditos nesses motivos familiares quando são apresentados por S.*.

...Tomemos a palavra *mama*, ou *ma-me*, como costumávamos dizer quando eu era criança. É uma neblina brilhante. *Ma-me* e todas as mulheres – elas são uma coisa brilhante... Assim também o leite num copo, e um jarro branco de leite, e uma xícara branca. Todos parecem uma nuvem branca.

Mas, tomemos a palavra *gis* [em iídiche, "verter"]. Isso apareceu mais tarde. Para mim, significava uma manga de camisa, uma coisa comprida que se arrastava, algo se arrastando, comprido, o filete que flui quando as pessoas estão servindo o chá... E o reflexo de um rosto na superfície polida de um samovar – isso também é *gis*. Cintila como o som do *s*... Mas um rosto oval é como uma corrente de água, como a mão que sai de uma manga de camisa e lentamente se abaixa para servir o chá...

(Registro de setembro de 1934)

O que encontramos aqui não é simplesmente o fato de que as palavras têm um amplo espectro de significados. Percebemos bem que uma palavra significa algo, que ela designa um signo que se amplia de modo a cobrir um espectro de coisas – qualquer coisa que evidencie esse signo. Mas uma palavra também é expressa por um complexo de sons que podem variar conforme a voz do emissor. Para S., tanto o som de uma palavra como a voz do emissor tinham cor e gosto distintos que produziam "ba-

---

* A. R. Luria e F. Y. Yudovich, *Speech and the Development of Higher Psychological Functions in the Child* (Londres, Stagler Press, 1959).

foradas de vapor", "borrões" e "sombras". Alguns sons pareciam-lhe uniformes e brancos; outros, cor de laranja e pontudos como flechas. Conseqüentemente, para ele o significado das palavras também se refletia nos sons que materializavam. Essa é uma modalidade bastante diferente de referência ampliada que tem por base o sentido sinestésico que se tem de uma palavra, de suas qualidades sonoras.

As pessoas não costumam prestar muita atenção nos elementos fonéticos das palavras, que para elas tendem a desvanecer-se num segundo plano, uma vez que estão preocupadas principalmente com o significado e o uso. Portanto, não costumamos ter uma sensação de harmonia ou de contradição ao denominar uma árvore de "pinheiro", outra de "abeto", uma terceira de "vidoeiro".

As experiências de S., por sua vez, eram bastante diferentes. Ele sentia claramente que o som e o sentido de certas palavras tinham uma correspondência exata; que existiam outras palavras que necessitavam de alguma modificação; e, ainda, outras palavras cujo significado lhe parecia totalmente artificial, palavras em relação às quais tinha certeza de que haviam se introduzido na linguagem por algum engano. Vejam-se, por exemplo, as seguintes descrições.

    ... Eu estava com escarlatina... Voltara da escola judaica com dor de cabeça, e minha mãe dissera: "Ele tem *heets* [em iídiche, "febre"]. Verdade! *Heets* é intenso, como um raio... e eu sentia uma luz cor de laranja tão aguda que saía de minha cabeça! Portanto, essa era, com certeza, a palavra certa!

    ... Mas tomemos a palavra *holz* [em iídiche, "lenha"]. Simplesmente não combina. *Holz* tem uma coloração tão brilhante, um aro de luz em torno dela... Mas supõe-se que signifique "madeira"... Não, está errado – há algum equívoco aí.

... Depois, temos a palavra "porco" [em russo, *svinya*]. Agora, pergunto-lhe, isso pode realmente designar um porco? *Svi-n-ya* é tão fino, tão elegante... Mas que diferença quando você diz *khavronya* [em russo, "porca"] ou *khazzer* [em iídiche, "porco"]. É isso mesmo – o som *kh* me faz pensar numa barriga gorda e oleosa, uma pele áspera cozida em barro seco, um *khazzer*!...*

... Quando fiz 5 anos, levaram-me para a escola judaica para começar a estudar. Antes disso, o professor ia a nossa casa. Portanto, quando meus pais me disseram: "Você vai para a escola e estudará com Kamerazh", imaginei que isso significasse o homem que eu vira, aquele que tinha barba preta e usava uma capa comprida e um chapéu de abas largas. Era mesmo Kamerazh, com a ressalva de que a palavra *rebe* [em iídiche, "professor"] não combinava com ele... *Rebe* é algo branco, e ele era tão escuro.

... E depois existe a palavra *Nebuchadnezzar* [na pronúncia iídiche, Nabukhadneitser]... Não, aí só pode haver algum engano. Ele era tão cruel que podia despedaçar um leão. Se fosse *Nebukhadreitser*, aí sim combinaria com ele!

... Quanto a *shnits* [em iídiche, "pontudo"], está certo. Só podia designar algo fino e afiado.

... E *dog* [em russo, "cão dinamarquês"] também é compreensível... É grande e deveria ser designado por esse tipo de palavra...

... Mas tomemos a palavra *samovar*. É claro que é puro brilho – não do samovar, mas da letra *s*. Os alemães, porém, usam a palavra *Teemaschine*. Não está certo. *Tee* é um som que cai – está aqui! Ui! Bem que eu temia! Lá se

....

* Em iídiche, o termo significa o próprio animal e, de modo mais amplo, qualquer coisa imunda ou voraz. Portanto, é uma palavra mais emotiva do que a inglesa ou russa. (N. da T. ingl.)

foi para o chão... Portanto, como poderia *Teemaschine* significar o mesmo que *samovar*?...

(Registros de setembro e outubro de 1934)

Para S., o significado de uma palavra tinha de combinar de alguma forma com seu som. De outro modo, ele ficava facilmente confuso.

Nosso médico de família era um homem chamado Dr. Tigger. "*Me darf rufen den Tigger*" [em iídiche, "Temos de chamar o Dr. Tigger"], diziam meus pais. Pensava que com certeza alguma bengala entraria andando, porque os sons *e* e *r* caem para a frente. Mas quem era ele? "O médico", diziam eles. Mas quando eu via a palavra médico, parecia um bolo de mel redondo com algumas protuberâncias pendentes, e eu colocava isso no alto da bengala. Quando um sujeito alto e corado chegou, olhei para ele e pensei: "Não, não é este"...

(Registro de 31 de março de 1938)

E aqui temos uma descrição de um caso semelhante de disparidade encontrado por S., com exceção do fato de que este ocorreu quando ele era bem mais velho.

... Na época, eu estava freqüentando a escola... Estávamos lendo sobre Afanasy Ivanovich e Pul'kheriya Ivanovna*, que haviam comido biscoitos com toucinho. Entendia que isto tinha a ver com comida, com exceção do fato de que *korzhik* [em russo, "biscoito"] só poderia ser uma trança de pão comprida e enfeitada, um *kalatch*. Cer-

----
* Do conto de Nikolai Gogol. (N. da T. ingl.), "The Old World Landowners" [Os antigos proprietários rurais]. (N. da T.)

ta vez, porém, quando eu estava num café em Baku, em 1931, pedi biscoitos com toucinho. Se fossem biscoitos, teriam de ter exatamente o aspecto com que os descrevi – em nada diferentes. Mas o garçom serviu-me café e duas bolachas. Disse-lhe que pedira biscoitos, mas ele limitou-se a dizer: "Foi isso que eu trouxe – biscoitos com toucinho!" Mas era evidente que não eram biscoitos; absolutamente não combinavam...

(Registro de outubro de 1934)

O significado de uma palavra tinha de se somar ao que seu som lhe sugeria.

... Por algum motivo a palavra *mutter* [em iídiche, "mãe"] produz a imagem de um saco marrom-escuro com dobras, pendurado em posição vertical. Foi o que vi quando escutei pela primeira vez a palavra... O som vogal é a base, e as consoantes constituem o plano de fundo da palavra. Vejo sua inclinação, mas os sons *t* e *r* predominam...

... *Milch*, contudo [em iídiche, "leite"], é um barbante fino preso a um pequeno saco. *Leffel* [em iídiche, "colher"] é trançada como uma *hallah**, enquanto *hallah* é uma palavra tão dura que você tem de quebrá-la... Quanto a *maim* [em iídiche, "água"], é uma nuvem... Já o *m* parece deixar-se levar para algum lugar.

(Registro de outubro de 1934)

S. tinha uma considerável dificuldade de adaptar o significado de uma palavra ao seu som, e sua sinestesia infantil persistiu por algum tempo.

....
* Pão trançado e muito macio, que tem de ser cortado com as mãos em cerimônias religiosas judaicas. (N. da T.)

O som de uma palavra tem uma forma e uma cor distintas, o significado outra forma e um peso particular, soa diferente... Para eu chegar à palavra certa no momento certo, tenho de acomodar tudo isso. Por um lado, esse procedimento traz complicações, mas por outro é uma maneira de recordar palavras. Se tenho em mente esta minha peculiaridade, a de que devo adaptar-me à maneira como os outros pensam, é uma coisa. Mas se me esqueço disso, posso dar às pessoas a impressão de ser um sujeito estúpido e insensato...

(Registro de outubro de 1934)

Interpretar palavras sinestesicamente (ou seja, determinar o significado tanto pelo som quanto pelo sentido) tem ainda outro aspecto. Enquanto certas palavras parecem não combinar com o significado que convencionalmente têm, causando perplexidade, as qualidades sonoras de outras palavras adquirem uma força expressiva particular. A experiência que S. tinha das palavras era, de fato, uma medida de sua expressividade. Não surpreende, portanto, que S. M. Eisenstein, o diretor, para quem a dinâmica da expressão tinha uma importância tão crucial no seu próprio trabalho, ficasse tão intrigado com S.

Eis um exemplo da reação de S. às qualidades tonais das palavras:

... Certa vez ouvi dizer que um menino invadira uma loja em Baikal e roubara uma moeda de 50 copeques da caixa registradora. Naquela época eu não sabia o que era uma moeda de 50 copeques [em russo, *poltinnik*]. Parecia-me ser uma espécie de objeto alongado, inerte e misterioso, pois, afinal de contas, os *p* e os *t* são sons tão escuros. O dono da loja deu um *potch* no garoto [em iídiche, "bofetada"]. Eu sabia o que era isso – não é uma palavra bonita... Mas existe também *frask* [outra palavra iídiche para "bofetada"]. Soa como algo oco, ao passo que *khlyask* [também em iídiche para "bofetada"] era um som um tanto crepitante.

(Registro de maio de 1936)

Talvez o exemplo mais revelador do poder expressivo que os sons tinham para S. tenha sido um experimento no qual ele tentou definir para nós as diferenças que percebia nas variações de um nome – um nome como Mariya, com suas variantes russas: Masha, Marusya, Mary.

... Ainda hoje, como adulto, interpreto-os todos de modo diferente. Mariya, Masha, Mary – não, não se trata da mesma mulher. Manya [outra variante] combina com ela, mas não Marusya ou Mary. Precisei de muito tempo antes de compreender a idéia de que esses nomes poderiam aplicar-se todos à mesma mulher. E ainda hoje não consigo convencer-me disso... Mariya é de compleição forte e pele clara – exceto por um leve rubor nas faces. É loira, seus gestos são serenos, e seu olhar não indica boas intenções. Marya tem o mesmo tipo físico, apenas mais roliço, com faces coradas e seios fartos... Masha é um pouco mais jovem, frágil, usa um vestido cor-de-rosa... Manya é uma mulher jovem, de belas formas talvez. É uma morena com traços faciais fortes e tez opaca – nenhum brilho no nariz ou nas faces. Não consigo, portanto, entender como esta poderia ser a tia Manya...

Perguntei a S. por que Manya lhe parecia ser uma mulher jovem.

N é um som nasal, portanto não sei. Mas ela é jovem.

Quanto a Musya [outra variante de Mariya], trata-se mais uma vez de outra coisa. O que mais me impressiona é seu magnífico penteado. Ela também é baixa e com belas formas – provavelmente devido ao som *u*. Quanto a Mary, é um nome muito seco... sugere uma figura escura sentada à janela na hora do crepúsculo... Assim, quando alguém diz "Você viu Masha?", não consigo entender de imediato se isso pode significar Masha, Manya ou Marusya. Não são a mesma mulher... Às vezes é muito difícil eu me acostumar com a idéia de que uma pessoa possa ter esse nome. Em outros momentos, bem, é claro que se trata de Masha... é claro que é ela.

(Registro de maio de 1938)

Os poetas, como sabemos, são extremamente sensíveis à qualidade expressiva dos sons, e lembro-me também que, ao selecionar estudantes para um curso de direção de filmes, S. M. Eisenstein pedia-lhes para descrever suas impressões relativas às variações do nome Mariya (Mariya, Mary, Marusya). Para ele, era um modo infalível de escolher os mais intensamente sensíveis à força expressiva das palavras.

Essa capacidade estava tão desenvolvida em S. que ele nunca deixava de detectar as qualidades expressivas dos sons. Portanto, era natural que palavras aceitas como sinônimos por outras pessoas tivessem significados diferentes para ele.

> ... Tomemos as palavras *ladrão* e *escroque* [em russo, *vor* e *zhulik*]. O ladrão é um sujeito muito pálido, de faces chupadas, e tem uma expressão torturada no rosto. Perambula sem capuz e seus cabelos parecem palha. Veste-se pobremente, e tem os bolsos rasgados. Tudo isso tem a ver

com o som *o*, aquele longo *o* [pronunciado *vo-or* em russo]. É uma palavra tão cinzenta. E, como os judeus não pronunciam o *r*, você tem *vookh* – completamente cinza. Quanto a *escroque* [em russo, *zhulik*], é outra coisa... É um sujeito de rosto cheio e brilhante; tem uma cicatriz sobre um dos olhos, e seu olhar é lascivo. Quando eu era pequeno, pronunciava *zulik*. Então ele me parecia pequeno, forte e musculoso, e o som *zz* era como o zumbido da mosca. Pensava que era uma mosca zumbindo na vidraça. Mais tarde, quando percebi como realmente se pronunciava a palavra, o sujeitinho que eu via cresceu.

Há também o *ganef* [em iídiche, "ladrão"]. Ele aparece no começo da noite, quando está escurecendo e você ainda não acendeu as luzes. Ouve-se um estalido, e ele já roubou um pedaço de pão da prateleira... Isso era o que eu ouvia contar quando era pequeno – um pouco de pão fora roubado da prateleira. De onde? De nossa despensa, muito provavelmente...

... Eu podia sentir pena de um ladrão [*vor*], mas de um *ganef* – nunca! E podia ser piedoso com um *zulik*, mas com um *zhulik* – o quê, aquele tipo asqueroso? Para as outras pessoas, depende de como o sujeito estiver vestido; para mim, é uma questão da impressão que seu rosto me passa...

... Tomemos então as palavras *khvorat* e *bolet* [ambas significam "estar doente", em russo] –, que são diferentes. *Bolet* é uma doença leve, enquanto *khvorat* é grave. *Khvoroba* [em russo, "enfermidade"] é uma palavra cinza, ela cai, desaba sobre uma pessoa... Mas é possível dizer que alguém estava gravemente doente e usar *bolet*, porque *bolezn* [substantivo com a mesma raiz, significando "doença"] é um tipo de bruma que pode provir da própria pessoa e engolfá-la... Mas, quando se diz *on khvorat*, isso significa que a pessoa está deitada em algum lugar lá embaixo; *khvorat* é pior que *bolet*. E, se você diz *on prikhvaryvayet* [em russo, "ele está indisposto"], o significado é que ele está andando por aí, mancando... Mas isso não está relacionado com o padrão sonoro geral. São coisas bem diferentes...

(Registro de março de 1938)

Com isso, chegamos a uma nova área de respostas que ainda não exploramos e que transcende a mera "fisionomia das palavras".

5. Sua mente

Examinamos a natureza da memória de S. e apresentamos um breve vislumbre de seu mundo interior, o suficiente para perceber que diferia em muitos aspectos do nosso, uma vez que é composto por imagens contundentes e experiências dos mais variados tipos. Como essas experiências consistiam numa variedade de sensações que se fundiam imperceptivelmente umas às outras, fica difícil traduzi-las em palavras. Também observamos como S. organizava e interpretava palavras, os tipos de operações aos quais as submetia a fim de ir além de suas impressões e chegar ao seu verdadeiro significado.

Mas que tipo de mente era essa? Como ele procedia para aprender, adquirir conhecimento e dominar complexas operações intelectuais? O que distinguia sua maneira de pensar da de outras pessoas?

Mais uma vez, encontramo-nos num mundo de contradições no qual, como veremos, as vantagens que S. extraía de sua maneira nítida e figurativa de pensar estavam estreitamente ligadas a várias limitações; um mundo no qual uma riqueza de pensamento e de imaginação combinava-se curiosamente com limitações do intelecto.

Seus pontos fortes

S. caracterizava sua própria maneira de pensar como "especulativa", ainda que não tivesse semelhança alguma com o raciocínio abstrato e especulativo da filosofia racionalista. Sua mente era de um tipo que operava por meio da visão – e apenas nesse sentido poderíamos chamá-la de "especulativa"*. Pois S. conseguia realmente ver o que outras pessoas pensam ou apenas imaginam vagamente; apareciam-lhe imagens de uma nitidez tão palpável que beiravam o real. Todo seu pensamento consistia apenas em operações que realizava sobre suas imagens.

É claro que essa visão gráfica, de extrema nitidez, tem um grande número de vantagens (e também limitações substanciais, um assunto ao qual voltaremos mais adiante). De fato, S. conseguia envolver-se muito mais profundamente numa narrativa, nunca perdendo um único detalhe e, às vezes, identificando contradições que nem os próprios escritores haviam notado. Temos a seguir, por exemplo, pontos que ele destacou em alguns contos de Chekhov:

... Eis um exemplo desse tipo de contradições que costumo encontrar com freqüência. Todos nós lemos o conto "O malfeitor", de Chekhov. Mas vocês não acham que há algo de errado num ponto da história? Escutem. O investigador diz ao camponês: "Aha, acho que você não sabia que as porcas são usadas para prender os trilhos aos

....
* A palavra russa para "especulativo" é *umozritelny* – literalmente, "visto com a mente". Daí percebe a referência a ela como possível descrição do modo de pensar de S. Seu emprego da palavra, embora não idiomático, é curiosamente adequado enquanto descrição de seu modo de operar, quase um trocadilho com o significado convencional de "especulativo". (N. da T. ingl.)

dormentes?" Está certo? Não! Mas foi isso que Chekhov escreveu. Mas, sabe, eu consigo perceber que está errado. Portanto, reli o conto. Não, uma "porca" simplesmente não funcionaria aqui...

... E quem não leu "O camaleão"? Chekhov escreve: "Ochumelov saiu com seu sobretudo novo." Mais adiante, contudo, lemos: "Quando percebeu o que estava acontecendo lá dentro, ele disse: 'Oficial, aqui! Ajude-me a tirar minha capa!'"*... Pensei ter me enganado e voltei para o começo da história, mas ali estava a palavra *sobretudo*... Portanto, era Chekhov quem estava errado, não eu...

... E aqui temos outro exemplo. Tomemos o conto de Chekhov "O gordo e o magro". No começo da história, os alunos do ginásio estavam usando uniformes, pois Chekhov escrevera: "No começo ele não usara seu casquete com nenhum entusiasmo!" Mais adiante, na história, escreve: "Ao ficar sabendo que o homem era um general, ele arrumou seu casquete."** Podem-se encontrar muitos exemplos desse tipo de coisa, tanto nas obras de Chekhov como nas de Cholokhov. Eles deixavam passar, mas eu não...

(Registro de março de 1951)

A leitura gráfica que S. fazia das histórias dava-lhe uma certa perspectiva da qual os autores de "O malfeitor" e *O Don Silencioso* careciam. Enquanto os autores estavam preocupados com as idéias e o desenvolvimento da trama, S. conseguia efetivamente ver todos os detalhes, razão pela qual não deixava passar nenhuma contradição nas histórias. Seu poder de observação não precisa-

....
* Ele está se referindo a duas palavras para capa: *shinel*, sobretudo; e *pal'to*, uma simples capa leve. (N. da T. ingl.)
** Há aqui duas palavras diferentes para casquete: *shapka*, casquete; e *furazhka*, casquete com viseira. (N. da T. ingl.)

va ser desenvolvido, uma vez que era parte integrante de seu tipo particular de mente. Sua visão extremamente descritiva não tinha por único efeito fazer dele um observador; também lhe permitia resolver, com uma facilidade realmente invejável, certos problemas práticos que para outras pessoas exigiriam longos raciocínios. Ele os resolvia com grande facilidade, por meio de sua visão interna.

Num determinado momento de sua vida, S. foi contratado como técnico em organização e métodos. Do que se segue, podemos perceber a rapidez com que encontrava soluções.

> Tudo o que eu planejava ocorria-me com tanta facilidade! Não tinha de quebrar a cabeça, pois conseguia ver diante dos olhos o que tinha de ser feito... Certa vez, quando cheguei a uma confecção, vi-os carregando fardos de material no pátio. Os fardos estavam atados com tiras de pano grosso. Na minha mente, via os trabalhadores amarrando esses fardos: viravam-nos várias vezes, e então as fitas rasgavam. Conseguia ouvir o estalo que produziam ao se rasgarem. Depois de refletir sobre esse problema, o que me veio à mente foi uma tira de borracha, do tipo usado para envolver um caderno. Funcionaria bem nesse caso específico, mas teria de ser uma tira grande... Aumentei-a em minha mente até o ponto em que vi uma câmara de pneu de carro. Se alguém cortasse as câmaras, elas serviriam perfeitamente para o caso. Conseguia ver isso na minha mente, e foi o que sugeri aos funcionários da fábrica...
>
> ... E mais um exemplo. Você se lembra de quando tínhamos aquelas pequenas cartelas com cupons de dinheiro – quadrados com números indicando os valores: rublos, copeques... Minha tarefa era imaginar uma maneira mais

fácil de as pessoas destacarem esses cupons sem soltar tantos outros. Tive a imagem de um homem parado perto da caixa registradora. É um sujeito esperto; quer fazê-lo às escondidas, sem que ninguém o veja arrancando-os... Continuo a espiá-lo. Não, assim não! Deste jeito é melhor! E foi assim que descobri uma solução melhor. Os problemas que as outras pessoas têm de resolver no papel são por mim resolvidos "de modo especulativo"...

(Registro de outubro de 1937)

Com certeza, as propostas de S. não eram muito práticas (a praticidade não era um de seus pontos fortes). Afinal de contas, onde seria possível encontrar câmaras suficientes para fazer anéis de borracha e empacotar os fardos? Ainda assim, o fato de ele poder solucionar "de modo especulativo" problemas que os outros tinham de "resolver no papel" era uma grande vantagem. Era o que quase sempre acontecia, sobretudo nos casos de problemas diante dos quais as outras pessoas encontram dificuldades em razão de seu uso de "cálculos" verbais eliminar a possibilidade de visualizar uma solução. O que se segue ilustra o modo de proceder de S.

Lembra-se desse jogo matemático? Havia dois livros numa estante, cada um de 400 páginas. Uma traça fez um furo da primeira página do primeiro volume até a última página do segundo. Quantas páginas ela roeu? Você não hesitaria em dizer 800 – 400 páginas do primeiro volume e 400 do segundo. Mas consigo ver a resposta imediatamente! Ela só roeu as duas capas. O que vejo é o seguinte: os dois livros estão na estante, o primeiro à esquerda, o segundo à direita. A traça começa na primeira página e continua avançando para a direita. Mas tudo o que ela encontra ali é a capa do primeiro volume e a do segundo. Então, perceba, ela apenas roeu as duas capas...

(Registro de maio de 1934)

Os mecanismos por meio dos quais o pensamento gráfico opera podem ser vistos de modo ainda mais claro no tratamento dado por S. a problemas nos quais certas idéias abstratas que constituem os dados entram em conflito com qualquer tentativa de visualizar uma solução. Uma vez que S. nunca lidava com abstrações, estava isento desse conflito, e soluções que para outros pareciam difíceis ocorriam-lhe com grande facilidade.

... Foi na Rua Bronnaya, onde tínhamos um pequeno quarto, que encontrei o matemático G. Ele me contou como resolvia problemas e sugeriu que eu tentasse resolver um. Estava sentado ali no quarto, e eu estava de pé, quando ele começou. "Imagine", disse ele, "que na sua frente há uma maçã, e que você tem de amarrar firmemente um barbante ou uma correia em toda a sua volta. Você deveria obter como resposta uma circunferência de certo comprimento. Agora acrescentarei um metro ao comprimento desta circunferência. A nova circunferência será igual à da maçã mais um metro. Segure novamente a maçã; é evidente que existe uma distância entre ela e o barbante."

Enquanto ele me dizia isso, via a maçã em minha mente, via a mim mesmo inclinando-me sobre ela e amarrando o barbante firmemente à sua volta. Quando ele mencionou a palavra *correia*, também a vi. E, quando falou de um metro adicional, obtive uma imagem de um pedaço de correia..., não, não é verdade... uma correia inteira, com a qual fiz um círculo, e em cujo centro coloquei a maçã.

Então ele disse: "Imagine o globo terrestre." Primeiro, vi um grande globo terrestre – colinas, montanhas –

tudo circundado pela correia. "Agora", disse ele, "acrescentemos um metro à correia. Você deve obter uma certa distância entre ela e o globo. De quanto será essa distância?" O que primeiro me apareceu foi esse gigantesco globo terrestre. Peguei-o e tentei segurá-lo, mas estava perto demais... Empurrei-o para longe e transformei-o num pequeno globo sem pedestal. Mas isso tampouco funcionou, pois assemelhava-se à maçã que eu vira antes. Então, subitamente, o quarto em que nos encontrávamos desapareceu, e vislumbrei um enorme globo a uma grande distância – vários quilômetros de onde eu estava. Em seguida substituí a correia por um aro de aço (o que não foi fácil, pois tinha de fazer com que ficasse firmemente preso ao globo). Acrescentei um metro e vi como o aro saltava para trás, deixando um espaço entre ele e o globo. Mas quanto espaço havia ali? Tinha de conseguir calculá-lo, converter a distância em dimensões convencionalmente usadas pelas pessoas. Depois, vi uma caixa perto da porta. Construí uma esfera a partir dela e amarrei-a com a correia... Em seguida acrescentei exatamente um metro aos cantos da caixa, medi com precisão e cortei o metro em quatro partes, cada uma com 25 centímetros de comprimento. Para cada correia, portanto, eu tinha uma quantidade a mais – o comprimento de cada lado da caixa mais um quarto... Assim, fossem quais fossem as dimensões da caixa – se cada lado, digamos, tivesse 100 quilômetros, eu continuaria acrescentando-lhe 25 centímetros. O resultado, pois, são os quatro lados e um acréscimo de 25 centímetros em cada. Recoloquei a cinta ao longo do lado e encontrei uma medida de 12,5 centímetros para cada lado. Em todos os pontos da caixa a cinta afastava-se 12,5 centímetros da mesma. Ainda que a caixa fosse enorme, e cada lado tivesse um milhão de centímetros de comprimento, não faria qualquer diferença. Se eu acrescentasse um metro, haveria um acréscimo de 25 centímetros de cada lado... Devolvi, então, a caixa à sua forma normal. Tudo que eu tinha de fazer era recortar os cantos para transformá-la numa esfera, e eu teria novamente o mesmo resultado. Foi assim que resolvi esse problema.

(Registro de março de 1937)

Espero que o leitor me perdoe a longa citação do registro. Minha única justificativa é a de que ela indica os métodos que S. usava e permite mostrar como estes o capacitavam a resolver problemas por meios tão diferentes daqueles aos quais uma pessoa recorreria se estivesse "resolvendo no papel".

Passamos horas com S., analisando as vantagens do método que ele usava para solucionar problemas aritméticos. Sua análise do papel nele desempenhado pelas imagens gráficas revelou-se esclarecedora. Sem dúvida, as pessoas sempre terão razão em confiar em cômputos escritos ou cálculos mentais para resolver problemas aritméticos; contudo, com que freqüência nos enganamos por confiarmos exclusivamente em cálculos que não se baseiam em nenhuma imagem do problema. Ou chegamos à resposta errada, ou então empregamos métodos complexos e pouco econômicos no lugar de um outro que poderia ser bastante simples. Por exemplo, estamos todos familiarizados com as dificuldades que podemos encontrar diante de um problema simples como: Qual o peso de um tijolo que pesa 1 quilo mais o peso de meio tijolo? Operando estritamente com números, poderíamos facilmente equivocar-nos pensando que a resposta é 1,5 quilo. Essa tendência a cair em respostas formais era estranha a S. – na verdade, impossível de acontecer-lhe. Sua "visão interna", que o forçava a lidar com *objetos* concretos, a associar números a imagens gráficas, não lhe permitia chegar a soluções formais. Conseqüentemente, problemas que geram conflitos para outras pessoas eram bastante simples para ele, que não tinha de escolher entre meios formais e específicos. Eis algumas ilustrações do modo como lidava com problemas.

> ... Pediram-me para resolver o seguinte problema. Um livro encadernado custa 1 rublo e 50 copeques. Só o livro custa um rublo mais que a encadernação. Qual o custo de cada um? Resolvi isso de maneira bem simples. Tenho um livro com uma encadernação vermelha. O preço apenas do livro é de 1 rublo mais que o da encadernação. Arranco parte do livro e imagino que isso custa 1 rublo. O que sobra é a parte do livro que equivale ao custo da encadernação – 50 copeques. Então ponho esta parte do livro de volta, obtendo como resposta 1 rublo e 25 copeques.
>
> Ou este outro exemplo. Um engenheiro amigo meu pediu-me para resolver o seguinte problema: A soma das idades de um pai e de seu filho dá 47. Quantos anos eles tinham três anos atrás? Vejo o pai segurando a mão do filho. Eles somam 47 anos. Junto deles vejo outro filho e outro pai. Retiro três anos de cada um... Então penso: isso tem de ser duplicado. Portanto, multiplico por 2, o que me dá 6, e subtraio 6 de 47.
>
> (Registro de março de 1937)

Suas imagens gráficas de objetos impediam-no de cair no tipo de erros em que podem incorrer outras pessoas que empregam métodos formais para resolver problemas. S. nunca se sentia tentado a substituir suas soluções originais por cálculos numéricos formais. Dado o seguinte problema, lidou com ele graficamente. Eis o problema: O preço de um caderno é quatro vezes o de um lápis. O lápis é 30 copeques mais barato que o caderno. Quanto custa cada um? S. solucionou o problema da seguinte maneira:

Um caderno aparece sobre a mesa com quatro lápis a seu lado:

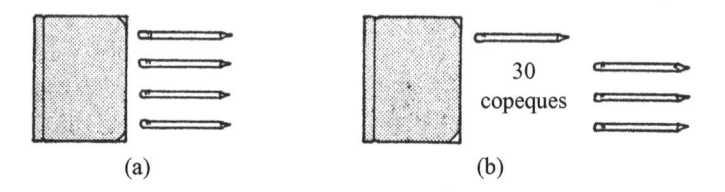

(a)   (b) 30 copeques

O lápis é 30 copeques mais barato que o caderno... Como três dos lápis são supérfluos, eles são afastados para o lado, abrindo lugar para o caderno, cujo valor em dinheiro equivale ao deles. Na seqüência imediata dessas imagens, vejo os números 10 e 40 – a resposta à pergunta de quanto custam separadamente o caderno e o lápis.

(Extraído das anotações de S.)

É fácil ver por que S. conseguia operar com tanta rapidez e simplicidade por meio de sua "visão interna", ao passo que o uso de meios lógico-verbais implicaria a introdução de cálculos abstratos suplementares. Os mecanismos que S. usava eram ainda mais evidentes no seu tratamento de problemas mais complexos. Consideremos dois deles.

Pediram a S. que resolvesse o seguinte problema: Um sábio e um viajante estavam sentados na grama. O viajante tinha 2 filões de pão; o sábio tinha 3. Um transeunte aproximou-se e eles o convidaram a comer com eles, dividindo o pão que tinham em 3 partes iguais. Quando acabou de comer, o transeunte deu-lhes 10 ovos em agradecimento por sua hospitalidade. Como o sábio e o viajante dividiram os 10 ovos que receberam?

... O que me apareceu foram imagens dos dois (A e B) sentados na grama. A eles se reúne o transeunte (C). Os três assumem a forma de um triângulo, e no espaço entre eles vejo os filões de pão. As pessoas desaparecem e são substituídas pelas letras $A_C B$ e a forma irregular dos filões sobre pranchas alongadas. As pranchas pertencentes a A são cinza; as de B, brancas. Com duas linhas horizontais, corto as pranchas em três grupos iguais de cubos e obtenho o seguinte quadro:

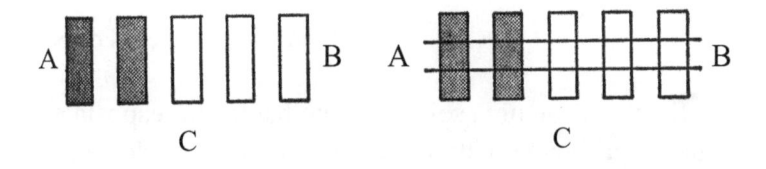

C deu a eles 10 ovos pelos 5 cubos que comera. A tinha 6 cubos, dos quais ele mesmo comeu a primeira fileira vertical e 2 dos cubos da segunda fileira. Os filões de B juntaram-se à mesma configuração, e ele comeu uma mesma quantidade. O desenho mostra o número de cubos que C recebeu de cada um:

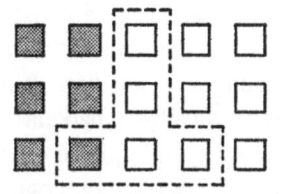

Seria possível resolver o problema de outra maneira. Por uma questão de conveniência, substituirei os ovos por rublos. A parte do pão comida pelo transeunte equivalia a 10 rublos. Os três comeram a mesma quantidade; portanto, a quantidade de pão consumida pelo grupo equivale a 30 rublos (10 × 3 = 30), ao passo que um filão vale 6 rublos (30 ÷ 5 = 6). Os dois filões pertencentes ao viajante valeriam 12 rublos (2 × 6 = 12). A quantidade de pão que o próprio viajante comeu valia 10 rublos, o que significa que ele só podia ter dado o equivalente a 2 rublos ao transeunte (12 – 10 = 2). O sábio tinha 3 filões, ou o equivalente a 18 rublos; desses, ofereceu ao transeunte uma quantidade equivalente a 8 rublos... Uma solução figurativa surge muito rapidamente, de modo quase involuntário. Por outro lado, uma solução verbal e abstrata exige uma análise cuidadosa, dedução lógica e um certo grau de intuição. Mas o resultado é o mesmo...

(Extraído das anotações de S.)

S. encontrou uma solução semelhante em resposta ao seguinte problema: Um homem e sua esposa estão catando cogumelos. O marido diz à esposa: "Dê-me 7 dos seus cogumelos e eu terei o dobro dos seus!" A esposa então lhe diz: "Não, dê-me 7 dos seus e teremos a mesma quantidade." Quantos cogumelos tem cada um?

Conseguia ver o caminho no bosque. O marido, alto e de óculos. Arqueada sobre seu ombro está uma cesta de vime com cogumelos. Ele está cansado... Aha! Concluo que ele deve ter apanhado uma porção de cogumelos. Sua esposa está parada, de costas para mim (afinal de contas, foi ele quem começou a falar, não ela). Eu me vejo, e vejo-os também. E é esse "eu", que se encontra na entrada do bosque, que determina quantos cogumelos eles apanharam, enquanto o verdadeiro "eu", um homem, não uma imagem, o espia para ver como ele resolve o problema.

Esta, portanto, é a primeira estimativa. Não sei se ele tem uma porção de cogumelos, mas acho que deve ter, pois empregou a expressão "o dobro". Ainda não sei qual é a situação. Mas, quando ele responde "Aha", tudo fica imediatamente claro. Pois, quando ele disse "Dê-me 7 cogumelos", vi uma pequena pilha de cogumelos que ele estava pondo na sua cesta. Quando ela respondeu, ele os tirou de sua cesta, e vi que o nível das duas cestas era o mesmo...

Esse agrupamento de 7 tem características típicas de 7. O indivíduo que vi move-se um pouco, e eu o sigo. E imediatamente aparece o número 14. Já determinei que ele estava contando 14 cogumelos, pois nós dois estamos operando de modo diferente: Eu estou trabalhando com números, enquanto ele converte tudo num peso, numa forma, numa imagem...

Mas não basta simplesmente tirar 7 cogumelos do marido (o fundo da sua cesta se abriu e uma pilha de 7 cogumelos caiu). Estes devem ser colocados na cesta de sua esposa. Caso contrário, ele teria 7 a mais que ela... Isso significa que ele tem, ao todo, 14 a mais, e que estão em duas pilhas. Olho de relance para o conteúdo da cesta dela, e vejo que o nível cai de forma correspondente; mas, quando as duas pilhas de cogumelos são adicionadas, ele aumenta.

É assim que obtenho um valor para a primeira parte do problema, que não tinha sentido antes (isto é, a afirmação "Dê-me 7 cogumelos e terei o dobro dos seus"). A situação é a mesma de antes: ele tem duas pilhas de cogumelos prontas, mas se ela tirar uma das dela, ele não terá o dobro. Não basta tirar uma das pilhas da cesta dela – esta tem de ser colocada na dele. Isso significa que é preciso retirar uma pilha se ele tiver de ter 21 a mais do que ela. Quando esta for acrescentada à dele, ele terá 28 a mais. E quando ele tiver 28 a mais, ele então terá duas vezes mais que ela! Agora consigo ver o fundo da cesta dele: ele tem 8 pilhas, ela tem 4...

A esta altura, começo a conferir tudo. Afinal de contas, tenho de traduzir tudo isso em termos compreensíveis para as pessoas. Tudo desaparece – isto é, as pessoas vão embora. O que aparece são dois postes pretos envolvidos em neblina no topo (pois, na verdade, não sei quantos cogumelos eles têm). Penso no conjunto, e determino que ele tem mais cogumelos que ela. A extremidade superior do primeiro poste eleva-se – ele tem mais!

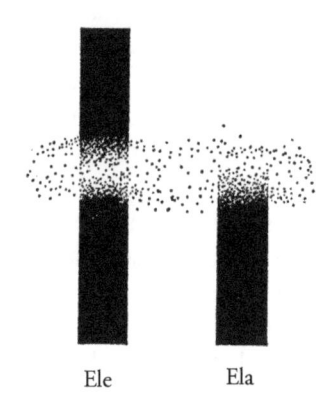

Ele   Ela

Estou, aqui, raciocinando de duas maneiras – com números e com um diagrama. Começo a nivelar os dois postes: elimino 7 de um poste. Mas mesmo depois de este pedaço ter se desprendido, o poste continua mais alto. Eles só se igualarão quando eu transferir esse pedaço para o lado direito. Isso significa, claramente, 14! Reconstruo os postes como eles estavam antes. A última parte do poste representa 14. Mas ela diz a ele: "Dê-me 7 cogumelos e terei o dobro da sua altura!" Portanto, retiro outros 7 do poste à direita, e ele tem 21 a mais. Mas ainda tenho de acrescentar ao dele, o que fará com que ele tenha 28 a mais... Agora vejo que o pedaço inferior do dela é igual ao superior do dele – 56 ao todo. Portanto, subtraio e obtenho os seguintes números:

$$56 - 7 = 49$$
$$28 + 7 = 35$$
(Registro de janeiro de 1947)

Tivemos a intenção expressa de dar tanto espaço a esse longo relato dos processos de raciocínio de S. porque isso nos permite perceber algo de seu mundo e de seus meios gráfico-"especulativos" de resolver problemas. Não resta dúvida alguma de que eram bastante diferentes do modo como as outras pessoas "resolvem no papel", e de que ali se configurava, de fato, uma esfera muito particular de pensamento "especulativo"*.

Seus pontos fracos

Examinamos *en passant* os pontos altos do pensamento de S. Resta-nos, agora, explorar seus pontos fracos. Aqui nosso percurso torna-se mais dificultoso, pois os rumos de sua mente nos levam por terrenos instáveis onde podemos afundar a qualquer momento.

Vimos que o pensamento gráfico de S. fornecia uma base extremamente sólida a partir da qual operar, permitindo-lhe executar, em sua mente, manipulações que outras pessoas só conseguiriam realizar com objetos. Não

---
* Não complicaremos ainda mais este relato citando outros exemplos que ilustram as vantagens do pensamento gráfico. Dispomos de muitos exemplos de solução de problemas que S. nos descreveu. É muito provável que venham a ser publicados posteriormente.

haveria, porém, certos riscos em confiar exclusivamente num pensamento figurativo e particularmente sinestésico? Tal procedimento não criava obstáculos com respeito a certas funções cognitivas básicas? Passemos ao exame dessas questões.

Quando S. lia uma passagem de um texto, cada palavra produzia uma imagem. Nos seus próprios termos: "Outras pessoas *pensam* enquanto lêem, mas eu *vejo* tudo." Assim que iniciava uma frase, apareciam imagens; à medida que continuava a ler, mais imagens eram evocadas, e assim por diante.

Como já mencionamos, se um trecho lhe fosse lido rápido demais, uma imagem podia colidir com outra em sua mente; as imagens começavam a se amontoar umas sobre as outras, e ficavam deformadas. De que modo, então, poderia ele compreender alguma coisa nesse caos de imagens? Se um texto fosse lido pausadamente, também nesse caso havia problemas para ele. Observem as dificuldades por ele experimentadas:

> ... Leram-me a seguinte frase: "N. estava encostado numa árvore..." Eu via um jovem magro que usava um terno azul (N., como você sabe, é muito elegante). Ele estava parado perto de uma grande tília, com relva e floresta por toda a volta... Mas, então, a frase continuava: "e olhava com atenção uma vitrine". E agora, que tal lhe parece isso? Isso significa que o cenário da cena não é uma floresta, ou um jardim, mas que ele se encontra na rua. E tenho de retomar a frase desde o começo...
>
> (Registro de março de 1937)

Assim, a tentativa de compreender um trecho, de captar a informação nele contida (o que outras pessoas fazem mediante a escolha do que é mais importante), tornava-se um procedimento tortuoso para S., uma luta contra imagens que continuavam a surgir em sua mente. Portanto, as imagens podiam constituir tanto um obstáculo quanto uma ajuda à aprendizagem, pois impediam S. de se concentrar no essencial. Além disso, como essas imagens tendiam a se aglomerar, produzindo ainda mais imagens, ele perdia de tal forma o rumo que era forçado a retroceder e repensar o trecho todo. Conseqüentemente, um trecho bem simples – uma frase, no caso – transformava-se num trabalho de Sísifo. Essas imagens vívidas e palpáveis nem sempre ajudavam S. na compreensão de uma passagem; podiam igualmente levá-lo a cometer erros.

E esse era só o começo dos problemas que S. encontrava na leitura. Em suas próprias palavras:

> ... É particularmente difícil se, em determinado trecho, existem detalhes que eu já tenha lido em outro lugar. Nesse caso, descubro que começo num lugar e termino em outro – tudo se embaralha. Tomemos a época em que eu estava lendo *The Old World Landowners*. Afanasy Ivanovich saiu para o alpendre... Bem, é claro, é um alpendre tão alto, com bancos que estalam tanto... Mas, sabe, já passei por aquele alpendre antes! É o alpendre de Korobochka, onde Chichikov apeou! O que tende a acontecer com minhas imagens é que Afanasy Ivanovich poderia facilmente confundir-se com Chichikov e Korobochka!...*
>
> ... Ou um outro exemplo. Este tem a ver com a chegada de Chichikov ao hotel. Vejo o local, uma casa térrea.

---

* Os personagens que ele descreve são de *Almas mortas*, de Gogol, e de algumas das histórias de seus contos ucranianos. A leitura de S. leva-o a um estado de confusão no qual os personagens de diferentes obras se misturam, formando uma única imagem. (N. da T. ingl.)

Você entra e ali está o saguão, embaixo uma grande sala de recepção com uma janela perto da porta de entrada, à direita uma mesa e, no centro da sala, um grande fogão russo... Mas já vi isso antes. O gordo Ivan Nikiforovich vive nessa mesma casa, e o magro Ivan Ivanovich também está aqui – lá fora, no jardim em frente, com o terrível Gapka correndo a seu lado. E foi assim, então, que coloquei no romance personagens que nele não existem*.

(Registro de março de 1937)

O ato de pensar em termos de imagens estava cercado de perigos ainda maiores. Na medida em que as imagens de S. eram particularmente vivas e estáveis, e reapareciam centenas de vezes, elas logo se tornavam o elemento dominante em sua consciência, emergindo incontrolavelmente sempre que ele entrava em contato com algo ligado a elas, ainda que da forma mais genérica. Eram imagens de sua infância: da pequena casa em que vivera em Rezhitsa; do quintal na casa de Chaim Petukh, de onde podia ver os cavalos dentro do estábulo, onde tudo cheirava a aveia e esterco. Isso explica por que, uma vez que tivesse começado a ler ou a fazer uma de suas caminhadas mentais associadas à rememoração, percebia subitamente que, embora tivesse partido da Praça Maiakovski, invariavelmente acabava por encontrar-se na casa de Chaim Petukh, ou em uma das praças públicas de Rezhitsa.

Digamos que eu partisse de Varsóvia – acabaria em Torzhok, na casa dos Altermann... Ou então estou lendo a Bíblia. Há uma passagem na qual Saul aparece na casa de

....
* Do conto de Gogol: "The Tale About How Ivan Ivanovich Quarreled with Ivan Nikiforovich". (N. da T.)

uma certa feiticeira. Quando comecei a ler isso, a bruxa descrita em "The Night Before Christmas" me apareceu. E quando continuei a ler, vi a pequena casa na qual a história transcorre – ou seja, a imagem que eu tinha dela aos 7 anos de idade: a loja de *beigueles** e o depósito no porão logo à sua direita... Mas o que eu começara a ler era a Bíblia...

(Registro de setembro de 1936)

... As coisas que vejo quando leio não são reais, elas não se encaixam no contexto. Se estou lendo uma descrição de algum palácio, por algum motivo os quartos principais sempre acabam sendo aqueles do apartamento em que vivia quando criança... Tomemos a época em que eu estava lendo *Trilby*. Ao chegar à parte em que iria encontrar um sótão, era infalível que este acabasse sendo um dos quartos de meu vizinho – naquela nossa mesma casa. Eu percebia que aquilo não se encaixava no contexto, mas assim mesmo minhas imagens levavam-me para lá automaticamente. Isso significa que tenho de perder muito mais tempo com um trecho se quiser ter algum controle sobre as coisas, se quiser reconstruir as imagens que vejo. Isso implica uma tremenda quantidade de conflitos, e ler torna-se algo difícil para mim. Fico lerdo, minha atenção se distrai e não consigo apreender as idéias importantes de um trecho qualquer. Mesmo quando leio sobre circunstâncias totalmente novas para mim, se houver alguma descrição, digamos, de uma escada, esta acaba por situar-se numa casa em que já tenha vivido. Começo a segui-la e perco a essência do que estou lendo. O que acontece é que não consigo ler, não consigo estudar, pois isso toma uma quantidade tão enorme de tempo...

(Registro de dezembro de 1935)

----

* Tipo de pão folhado, consumido pelos judeus orientais. (N. da T.)

Dada tal tendência, as funções cognitivas dificilmente podem desenvolver-se normalmente. O próprio pensamento que dá origem a uma imagem é logo substituído por outro – ao qual a própria imagem levou; chega-se, portanto, a um ponto em que as imagens começam a guiar o pensamento, que deixa de ser o elemento dominante.

Considere-se, também, o problema que S. tinha com sinônimos, homônimos e metáforas. Todos nós conhecemos sua função na linguagem; a mente média não tem qualquer problema com eles. Uma pessoa pode nem ter consciência de que uma coisa pode ter vários nomes, ou, se tem consciência disso, pode sentir que há um certo charme no fato de podermos nos referir a uma criança pequena como "criança" ou "bebê"; a um médico, por qualquer dos três termos (pelo menos em russo – *vrach, doktor, medik*); à "comoção", pelos sinônimos *perepolokh* e *sumatokha*; a um "mentiroso", tanto por *vrun* quanto por *lgun*. Alguém acha difícil entender o fato de que o significado de uma palavra possa mudar conforme o contexto: por exemplo, *ekipazh*, que em russo significa ou "cabriolé" ou "tripulação de navio"? Quem consideraria intrigante o fato de ler numa página que o cabriolé (*ekipazh*) parou diante dos portões, e depois, em outra passagem, encontrar a mesma palavra num contexto como: "A tripulação do navio deu mostras de grande heroísmo ao enfrentar uma tempestade com ventos avassaladores"? Será que o fato de conhecer a expressão *spustitsya po lestnitse* ("descer as escadas") torna difícil para alguém entender que o verbo poderia ter um significado diferente em outro contexto, *spustitsya do bezobraznovo sostoyaniya* ("incorrer em comportamento impróprio")? Ficamos desconcertados pelo fato de que a palavra *ruchka* pode ser empregada para designar não apenas o braço de uma criança, mas também a maçaneta de uma porta, um porta-canetas e sabe-se lá o que mais?

O uso convencional da linguagem é tal que a abstração e a generalização lhe são essenciais. Contudo, as pessoas geralmente não têm consciência de problemas como esses, ou, quando os percebem, simplesmente se recusam a perder tempo com eles. Com efeito, alguns lingüistas acreditam que a linguagem consiste apenas em metáforas e metonímias*. Mas esses elementos atrapalham nosso pensamento de alguma maneira?**

No caso do pensamento figurativo e sinestésico de S., a situação era totalmente outra. Já mencionamos os problemas com os quais ele se deparava se o som de uma palavra não combinasse com seu significado, ou se o mesmo objeto tivesse várias denominações. Será que ele podia concordar que, na verdade, um porco não tinha nada da graça que ele detectava no som da palavra [em russo: *svinya*]; que um biscoito [em russo: *korzhik*] não tinha de ser alongado ou chanfrado? Poderia ele, inclusive, entender a idéia de que as palavras *svinya* e *khavronya*, tão diferentes em sua estrutura sonora, designavam o mesmo animal?

Os problemas de S. com a linguagem eram ainda mais sérios:

....
* Cf. R. Jakobson e M. Halle: *Foundations of Language* (Haia, Mouton, 1956).

** É apenas em circunstâncias pouco usuais que as pessoas têm dificuldades significativas para entender significados como esses; por exemplo, no caso de crianças surdas-mudas, para quem o significado geral das palavras é um importante obstáculo. Ver R. M. Boskis: "Peculiar Features of Speech Development in Children Suffering from a Defect of the Sound Analyzer", *Proceedings of the Academy of Pedagogical Sciences*, RSFSR, XLVIII (1953); e N. G. Morozova: "Training Deaf and Dumb Pupils to Read with Awareness", *Uchpedgiz*, Moscou, 1953.

... Tomemos, por exemplo, a palavra *ekipazh**. Isso tem necessariamente de ser um cabriolé. Portanto, como posso entender de imediato que isso também possa significar a tripulação de um navio? Tenho de realizar uma operação bastante complexa em minha cabeça, bloquear detalhes que me vêm à mente, para poder entender isso. O que tenho de fazer é imaginar não apenas um condutor ou um lacaio no cabriolé, mas toda uma equipe a manejá-lo. Só assim consigo dar algum sentido a isso.

... E tomemos a expressão *pesar as palavras*. Mas como se pode pesar palavras? Quando ouço a palavra *pesar*, vejo uma grande balança – como aquela que tínhamos na nossa loja em Rezhitsa, onde colocam pão de um lado e um peso do outro. A agulha oscila para um lado, e depois pára no meio... Mas o que é isso – *pesar as próprias palavras!*

... Certo dia, a esposa de L. S. Vigotski me disse: "Você não pode deixar Assya apenas por um minuto?"** Com isso só conseguia vê-la aproximando-se do portão e, furtivamente, jogando algo ali – uma criança. Agora, eu lhe pergunto: é realmente possível dizer tal coisa?

Há também a expressão *rachar lenha****. Mas *kolot* é algo que você faz com uma agulha! Mas há a palavra *lenha* na expressão. E o que dizer de frases como *o vento empurrou [drove] as nuvens*? A mim, *drove* sugere um pastor com um chicote; vejo seu rebanho e a poeira na estrada****. Também fico confuso com a expressão *a cabi-*

....
* Palavra que acabamos de discutir num parágrafo anterior.
** Aqui a referência é ao verbo *podkinut*, que significa "deixar", mas também pode ser traduzido como "abandonar". (N. da T. ingl.)
*** Em russo: *kolot drova*. Aqui *kolot* é um verbo, mas também pode ser usado como substantivo, significando uma "picada" ou "estocada". (N. da T. ingl.)
**** *Drove* é o passado do verbo *to drive* (neste caso, "empurrar", "impelir"), mas também significa "rebanho", "manada". (N. da T.)

*na do capitão**. E, quando uma mãe diz ao seu filho: "Você tem de fazer isso!", fico confuso, pois a palavra *sledyet* significa "seguir alguém – consigo vê-lo"***.

(Registro de maio de 1934)

Isso indica claramente que o pensamento figurativo nem sempre é útil para a compreensão da linguagem. No caso de S., constituía um obstáculo particular quando ele tentava ler poesia; com efeito, a poesia talvez fosse o que havia de mais difícil para ele ler.

Muitas pessoas pensam que a poesia exige o tipo de pensamento mais gráfico. No entanto, submetida à análise, essa idéia parece muito duvidosa, pois a poesia evoca menos imagens que idéias. As imagens de um poema servem apenas para revestir o significado, a intenção subjacente do poema. Portanto, para compreender um poema, devemos ser capazes de entender o sentido figurado sugerido por uma imagem; é o sentido figurado e não literal das imagens que é essencial em poesia. Afinal de contas, o que extrairíamos do *Cântico dos Cânticos* se tomássemos literalmente as imagens empregadas para descrever Sulamita – se imaginássemos as metáforas por meio das quais ela é descrita?

S. descobriu que, ao tentar ler poesia, os obstáculos à sua compreensão eram esmagadores: cada expressão dava lugar a uma imagem; esta, por sua vez, entrava em confli-

....

* *Rubka kapitana*: aqui, no sentido de "cabina do capitão". O substantivo *rubka*, contudo, também pode significar "corte" (de madeira). (N. da T. ingl.)

** Embora o verbo *sledovat* signifique "seguir", também pode ser usado na terceira pessoa do singular para transmitir necessidade ou obrigação. (N. da T. ingl.)

to com outra imagem já evocada. Como, então, abrir caminho através desse caos de imagens para alcançar a poesia mesma? Veja-se, por exemplo, a dificuldade que um poema como este colocava a S.

> Um velho encontrava-se num tanque de uvas,
> Agarrado a uma vara, esmagando uvas com os pés.
> Mas o trabalhador nele, inflamado pela cobiça,
> Olhava aquele rio de vinho tão venerado.
>
> Veio o ocaso diário, colossal e retumbante,
> Agitando a relva e açoitando a cabana do velho.
> Ele saiu daquele tanque de madeira baixo,
> E descalço entrou na cabana, agora em total desordem.
>
> N. Tikhonov, dos Poemas georgianos

...Via o velho claramente. Era um pouco mais alto que a média, tinha tiras de pano envolvendo as pernas, e era meio parecido com Leon Tolstoi. Estava num lugar semelhante a um jardim... Quanto à palavra *kupel* [aqui com o sentido de "tanque de uvas"], trata-se de um cacho de uvas. O que primeiro apareceu foi o cano marrom-escuro de uma arma... Vi o velho. Parecia que ele estava xingando o empregado por algo. Mais adiante vi o rio de vinho, um rio escuro, já que o vinho [em russo: *vino*] é uma palavra tão escura. O rio que apareceu é um que conheço lá em Rezhitsa, perto de um lugar chamado Monte Betsabé... Antigamente, havia nessa montanha um velho castelo em ruínas. Atrás dela, eu via uma espécie de fulgor – o nascer do sol, aparentemente. Tudo indicava que ele subia por trás da serraria de Rezhitsa... Depois vi uma grama alta que começava a balançar... Não sabia o que isso significava – talos de grama isolados, grama alta, ciperáceas... Eu me encontrava na praia, e via tudo isso à distância... Então os objetos ficaram maiores. A figura do velho, transparente, passou correndo por mim, voando como um zéfiro. Através dele eu podia ver a grama e, à esquerda, parecia haver uma cabana com um telhado bem firme. A mobília que se encontrava dentro parecia-me familiar – sem dúvida os móveis da minha casa. Não, simplesmente não entendo isso...

A impressão que tive do poema foi parecida com aquela que se tem quando se escuta por acaso uma conversa – fragmentos de imagens que não faziam sentido... Primeiro parecia que o velho estava zangado com o empregado e chutava-o porque este era rico, estava usando sandálias de corda. O empregado não protesta, pois ama o vinho... Em seguida me apareceu o rio. Depois disso, desisti de tentar seguir o poema. Era um pesadelo...

(Registro de março de 1935)

Três dias depois, o poema lhe foi lido lentamente, estrofe por estrofe. Sua resposta foi a seguinte:

(*Primeira estrofe*): Aha, agora vejo-o de modo diferente. Ele é um trabalhador, cobiçoso, cheio de admiração por aquele rio de vinho que escorre da fruta. Então escutei *nele*. Isso significa que ele é um operário? Está passando por alguma experiência terrível.

Nesse ponto, o experimentador explicou-lhe que o homem do poema está sovando uvas.

Ah, mas desde criança eu tinha outra imagem de como se fazia isso. Cortava-se uma seção de um tronco. Meu professor me disse que isso era para *dresten weintzuben*. Dei uma olhada pela abertura daquele recipiente de madeira e vi como as coisas eram feitas naquele tanque. Antes de poder entender uma nova imagem, tenho de me livrar de uma antiga, que permaneceu em minha mente.

(*Segunda estrofe*): Ele entrou naquela desordem – uma bagunça. Mas como pode ser? Havia fumaça saindo da cabana. Então, o que é isso? Quanto a *retumbante* – deixei isso de lado. Deve ser por causa dos pingos de chuva caindo sobre a grama...

Ele entrou na cabana, e no quarto... Mas este é o mesmo quarto que vi quando estava lendo Zoshchenko; ele aparece num incidente em que, na época da colheita, alguém pede uma mulher em casamento... "Ela sentou-se ali e coçou os pés" – e, portanto, aqui está a cabana, e este é o quarto...

Ocaso retumbante – isso é impossível. Um pôr-do-sol é algo idílico... Quanto a *agitando a relva*, não está certo. Talinhos de grama não se agitam violentamente; só uma árvore o faz. Portanto, vi ciperáceas. Mas, se o pôr-do-sol é idílico, o que faz com que a grama se agite tão violentamente?

O vento açoitava a cabana! Mas como pode haver vento durante um pôr-do-sol desses? Açoitando, açoitando – será que deslocou a cabana? A cabana mudou de lugar? Ah, açoitou coisas lá dentro... Não, isso não é possível. Pois, então, eu ainda me encontrava fora da cabana. Foi só quando escutei as palavras *E descalço entrou* que a porta da cabana se abriu...

Sou muito conservador no uso das palavras. Costumava pensar que *medidas profiláticas* fosse uma expressão que só pudesse ser empregada em medicina, que um *intervalo* era um termo estritamente musical. Perguntava-me por que as pessoas as usavam tão prontamente em outras áreas. Parecia-me um truque, um sofisma... Não, eu deveria ler tudo mais rápido para entender melhor, para que as imagens não apareçam. Caso contrário, vejo cada palavra...

E foi assim que ele interpretou alguns versos de outro poema:

Sorriu para uma cerejeira-dos-passarinhos, soluçou, encharcou
O verniz dos cabriolés, o tremor das árvores...*

Boris Pasternak

Ele sorriu para uma cerejeira-dos-passarinhos. Isso evocou a imagem de um jovem. Depois, entendi que isso se passava no Metinskaya em Rezhitsa... Ele sorriu para a árvore. Logo em seguida, porém, temos a palavra *soluçou*. Ou seja, lágrimas apareceram e a estão molhando... isso significa que os versos têm a ver com sofrimento... Lembrei-me de como uma mulher foi ao crematório e ficou ali sentada por horas, olhando para um retrato... Aquela expressão *o verniz dos cabriolés* – é a senhora feudal passando em sua carruagem vindo do moinho de Yuzhatov. Fico olhando. O que ela está fazendo? Está olhando para fora da carruagem, tentando ver o que há de errado ali. Por que "ele" está triste?... Então, temos a expressão *o tremor das árvores* [em russo, a ordem das palavras está invertida]. Consigo ver o tremor e depois as árvores, mas, quando as palavras estão invertidas assim, vejo uma árvore e tenho de fazê-la oscilar para a frente e para trás para compreender a frase. Isso me dá muito trabalho.

(Registro de março de 1938)

Causa alguma surpresa o fato de que essa abordagem, na qual cada palavra dá lugar a imagens, impedia S. de compreender poesia? Ele gostava de dividir os poetas em

---

* Os verbos estão todos no passado, masculino singular, mas aplicam-se à chuva; é à chuva da primavera que Pasternak atribui emoções humanas. S. interpretou o conteúdo e a terminação dos verbos como os atos de um sujeito masculino, embora o sujeito só fosse masculino num sentido estritamente gramatical. (N. da T. ingl.)

dois tipos: simples e complexos. E embora Pushkin estivesse entre aqueles que considerava simples, também tinha grandes dificuldades para acompanhar sua poesia. Citamos a seguir, literalmente, uma carta que S. nos enviou, onde analisava um dos poemas de Pushkin.

Confesso ter achado muito difícil ser ao mesmo tempo experimentador e sujeito. Mas tentei ser consciencioso e desinteressado nessa tarefa. Assim que li o poema, escrevi meu comentário e tentei terminá-lo o mais rápido possível, para que nenhum detalhe irrelevante viesse ali introduzir-se.

Para Ogareva, a quem o metropolitano enviou frutas de seu jardim

A. Pushkin

O metropolitano, aquele fanfarrão desavergonhado,
Mandou-te algumas de suas frutas,
Certamente para nos convencer de que ele, na verdade,
É o deus dos jardins.

Não é mesmo incrível? Kharita
Vencerá a decrepitude com um sorriso;
Tomado de um frenesi de desejo,
O metropolitano ficará desesperado.

Enfeitiçado pela magia de teu olhar,
Ele esquecerá sua cruz, seu dever,
E, terno, começará a cantar
Hinos à tua beleza celestial.

Não tive problemas para acompanhar o poema. É simples. Sem me dar conta, contudo, as idéias do poema foram me levando (o que significa que o estilo não interferiu na maneira pela qual se desenvolviam as imagens do poema). Num dos grandes cômodos do apartamento de meus pais, em Ravdin, vi a bela Ogareva sentada numa cadeira alta. O lado esquerdo de seu rosto estava claramente iluminado, e por trás dela podia vislumbrar nosso relógio de parede. Vi-a tirar a carta de uma cesta de frutas que segurava sobre os joelhos. Foi nesse ponto que cheguei às palavras *para nos convencer*. Eu ainda não sabia a quem *nos* se referia. *Convencer* estava claro – mas como? Obviamente, por meio da carta. Nesse ponto, uma figura transparente do deus dos jardins, um velho de cabelos brancos com uma longa barba, emergiu do canto escuro do quarto. Tenho tentado encontrar alguma explicação de como cheguei a essa imagem... Já sei! O poema, afinal de contas, tem a ver com o metropolitano. Quando li a segunda estrofe, pude ver a quem Pushkin se referia com aquele *nos*. Era o jovem Pushkin e dois de seus amigos que se encontravam na rua perto da janela da casa, rindo e zombando maliciosamente. Pushkin estava se saindo com uma sucessão de ditos espirituosos enquanto ficava ali, apontando para a janela. Não tive tempo de ouvir o que ele dizia, pois já chegara na terceira estrofe.

Aqui, a imagem do decrépito *deus dos jardins* tornou-se "mais compacta" (antes, sua figura era transparente). Vi-o vestindo uma sobrepeliz negra; estava parado, observando Ogareva, e parecia estar-lhe implorando algo; enquanto ela ali permanecia sentada, a mão que segurava a carta baixou num gesto de desamparo. A grande cruz dourada sobre seu peito começou lentamente a desvanecer-se, enquanto ele levantava o rosto e olhava-a com olhos sem brilho que pareciam tremeluzir. (Aha! Agora toda a sua figura ficou clara!) Com sua voz baixa e rouca, ele começou a cantar uma romança à moda de um hino religioso. Ogareva olhou-o com uma expressão ao mesmo tempo espantada e confusa.

Então o teto do quarto, que estava coberto de uma espécie de papel lustroso, transformou-se numa nuvem branca como leite. Contra ela eu podia ver a bela face de uma mulher com lindos cabelos soltos, um rosto familiar do período de minha infância em que comecei a estudar na escola hebraica. Então ela me pareceu ser "a voz de Deus" falando através dos profetas. Em hebraico, ela é chamada *Bas-keil* – a filha da voz (de Deus)...

(Extraído de carta de S. de novembro de 1937)

Era isso, portanto, que um "simples" poema despertava em S. Embora as imagens que lhe apareciam não o impedissem de acompanhar o poema, seria difícil dizer que o ajudavam.

Até agora, estivemos tratando das respostas de S. a imagens mentais, prosa e poesia. Como ele interpretava material expositivo e literatura científica abstrata? Quais os efeitos de seu pensamento figurativo e sinestésico sobre seu entendimento desse tipo de material?

Deixemos agora a poesia de Tikhonov e Pasternak, e passemos a exemplos de escritos científicos que S. tentava compreender. Começaremos com uma sentença simples que ele foi encarregado de interpretar. A sentença dizia: "O trabalho pôs-se em andamento normalmente." Poderia haver alguma complicação nessa sentença? Para nós, S. não teria dificuldades com ela, mas não foi o que aconteceu.

... Leio que "o trabalho pôs-se em andamento normalmente". Quanto a *trabalho*, vejo que há trabalho acontecendo... há uma fábrica... Mas ali está aquela palavra *normalmente*. O que vejo é uma mulher grande, de faces coradas, uma mulher *normal*... Depois, a expressão *pôs-se em andamento.* Quem? O que é isso? Temos indústria... ou seja, uma fábrica, e essa mulher normal – mas como tudo isso se encaixa? De quantas coisas tenho de me livrar para entender essa idéia simples!

(Registro de dezembro de 1935)

A esta altura, seu problema nos é familiar: cada palavra por ele lida produzia imagens que o distraíam e bloqueavam o sentido de uma frase. Quando se tratava de textos contendo descrições de relações complexas, formulações de regras ou explicações de conexões causais, S. padecia ainda mais.

Por exemplo, li para ele uma regra simples como a seguinte, que qualquer estudante entenderia: "Se houver dióxido de carbono acima de uma vasilha, quanto maior sua pressão, mais rápido ele se dissolve na água." Observemos os obstáculos que lhe apresentava essa afirmação abstrata, ainda que pouco complicada.

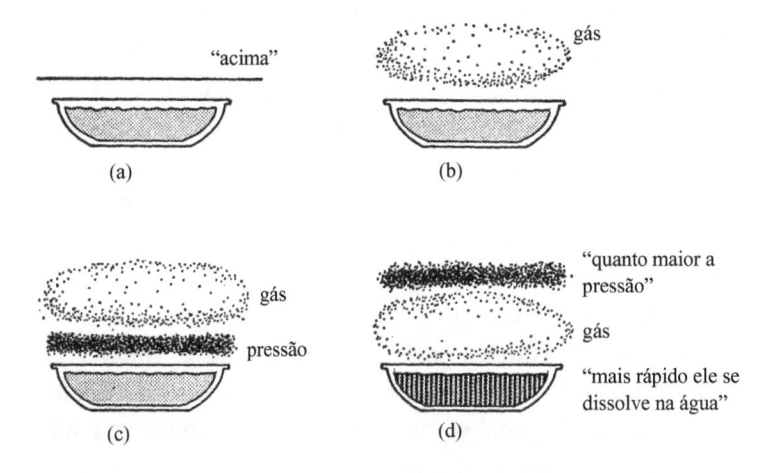

(a) "acima"

(b) gás

(c) gás / pressão

(d) "quanto maior a pressão" / gás / "mais rápido ele se dissolve na água"

Quando você me apresentou essa frase, vi imediatamente uma vasilha. Quanto àquele *acima* que é mencionado, está aqui... vejo uma linha (a). Acima da vasilha uma pequena nuvem movendo-se em direção ascendente. Isso é o gás (b). Continuo a ler: "quanto maior a pressão" – portanto, o gás sobe... Depois há algo de denso aqui – a pressão (c). Mas a pressão é maior – ela sobe mais... Quanto à frase "mais rápido ele se dissolve na água" – a água tornou-se pesada (d)... E o gás – você diz "quanto mais alta a pressão" – ele subiu de forma constante... Então, o que significa tudo isso? Se a pressão é mais alta, como pode dissolver-se na água?

(Registro de dezembro de 1935)

Ao que tudo indica, S. passou por maus momentos para compreender a idéia simples contida nessa lei. Detalhes que outras pessoas deixariam passar, ou que permaneceriam na periferia da consciência, adquiriam um valor independente em sua mente, dando lugar a imagens que tendiam a dispersar o sentido.

Tratamos, até agora, de materiais mais ou menos concretos: descrições de objetos e acontecimentos passíveis de visualização mental – ao menos em parte. Qual a reação de S. a idéias abstratas que não podia visualizar – definições de relações complexas, conceitos abstratos elaborados ao longo de séculos? Essas idéias existem, e nós as aprendemos na escola; mas não podemos visualizar seu conteúdo. S., contudo, já nos dissera várias vezes: "Só posso entender o que posso visualizar."

Idéias abstratas significavam uma nova rodada de problemas e tormentos para ele, outras séries de tentativas para harmonizar o incompatível. Percebam sua luta para entender essas idéias.

... *Infinito* – isso significa o que sempre existiu. Mas o que veio antes? O que virá depois? Não, é impossível ver isso...

Para poder entender o significado de uma coisa, tenho de vê-la... Tomemos a palavra *nada*. Eu a li e pensei que deveria ser algo muito profundo. Pensei que seria melhor chamar *nada* de algo... pois vejo esse *nada*, e ele é algo... Quando tenho de entender algum significado muito profundo, tenho de obter uma imagem dele imediatamente. Portanto, perguntei à minha esposa o que *nada* significava. Mas isso era tão claro para ela que sua resposta foi, simplesmente: "*Nada* quer dizer que não há nada." Mas eu entendia isso de outra maneira. Vi esse *nada* e achei que ela estava enganada. A lógica que usamos, por exemplo. Ela foi elaborada com base em anos de experiência. Consigo ver como ela se desenvolveu, e para mim ela significa que é preciso confiar nas sensações que temos das coisas. Se *nada* pode aparecer para uma pessoa, isso significa que é algo. É aí onde começam os problemas...

Quando escuto, por exemplo, que a água é incolor, lembro como meu pai teve de derrubar uma árvore na margem do ribeirão Bezymyannaya porque ela bloqueava o fluxo da água... Comecei a pensar o que *ribeirão Bezymyannaya* poderia significar [em russo: *bezymyannaya*, "sem nome"]. Significa que o ribeirão não tem nome...

Quantas imagens sem sentido apareciam por causa de uma única palavra. Tomemos a palavra *algo*, por exemplo. Para mim isso é uma densa nuvem de vapor cor de fumaça. Quando escuto a palavra *nada*, também vejo uma nuvem, mas neste caso mais fina e completamente transparente. E, quando tento apreender uma partícula desse *nada*, obtenho as mais ínfimas partículas de *nada*.

(Registro de dezembro de 1935)

Quão estranhas, ainda que familiares, são essas experiências. São inevitáveis para qualquer adolescente que, tendo se acostumado a pensar em termos de imagens gráficas, subitamente descobre que existe um mundo de idéias abstratas a ser dominado. Ele tende a ficar confuso com as questões que isso coloca: O que quer dizer *nada*, se sempre existe algo? O que significa *eternidade*? O que veio antes? O que virá depois? Da mesma maneira com *o infinito* – o que haverá depois do *infinito*? Esses conceitos existem e nos são ensinados na escola. Mas como imaginá-los em nossas mentes? E, se é impossível imaginá-los, o que significam?

Essas são questões que deixam perplexos e acabrunhados os jovens quando percebem que idéias abstratas não podem ser compreendidas em termos gráficos; são, portanto, obrigados a lançar mão de idéias que parecem tão contraditórias. Contudo, isso logo deixa de constituir um problema para o adolescente, pois ele abandona o pensamento concreto e passa a lidar com abstrações; o papel que as imagens gráficas outrora desempenharam em seu pensamento é substituído por certas idéias sobre o significado das palavras. Seu pensamento passa a ser de natureza verbal e lógica, e as imagens gráficas deslocam-se para a periferia da consciência, já que não servem mais para a compreensão de conceitos abstratos.

Uma vez feita a transição para outro nível de pensamento, o problema das abstrações resume-se apenas à lembrança de uma experiência dolorosa que tivemos no passado. S., no entanto, não conseguia fazer a transição tão rapidamente quanto os outros. Era incapaz de entender uma idéia a não ser que pudesse vê-la efetivamente, e, portanto, tentava visualizar a idéia de "nada", encontrar uma imagem para retratar o "infinito". E persistiu com essas tentativas agoniadas durante toda a sua vida, sempre às voltas com um conflito basicamente adolescente, que tornava impossível para ele transpor aquele "maldito" limiar para alcançar um nível mais elevado de pensamento.

As imagens que conceitos abstratos como os acima mencionados evocavam de nada lhe serviam. O que podia ele realmente deduzir do fato de, depois de escutar a palavra *eternidade*, aparecer-lhe uma imagem de alguma figura antiga, de Deus sem dúvida, que conhecera nos relatos bíblicos? Às vezes, em vez de imagens via "pequenas nuvens de vapor", "borrões" e "linhas". O que representavam? O conteúdo das idéias abstratas que S. estava tentando visualizar? O que inferia de imagens que, como sabemos, via em resposta aos sons de uma palavra com a qual não estava familiarizado? É difícil afirmar se essas imagens lhe eram de alguma ajuda na compreensão de uma idéia. Mas continuavam a emergir, amontoando-se e ocupando grande parte de sua percepção consciente.

Quando leio jornais, algumas coisas ficam claras para mim. Tenho uma boa compreensão de tudo o que tem a ver com assuntos econômicos. Mas há outras idéias que não consigo entender de imediato, e outras que só apreendo muito tempo depois. Por quê? A resposta é clara: simplesmente não consigo visualizá-las. Se não consigo ver algo, é impossível apreendê-lo... Mesmo quando ouço música, sinto seu gosto na minha língua; se não puder fazê-lo, não compreendo a música. Isso significa que tenho de experimentar não apenas as idéias, mas até mesmo a música, por meio do sentido físico do paladar... Mesmo tratando-se apenas de decorar um número de telefone, embora possa repeti-lo, não saberei realmente o número a não ser que o tenha degustado. Caso contrário, tenho de escutá-lo de novo, para deixá-lo penetrar. Portanto, em que pé me encontro quanto às idéias abstratas? Quando escuto a palavra *dor*, por exemplo, vejo fitas – pequenos objetos redondos e neblina. É a neblina que tem a ver com o caráter abstrato da palavra...

(Registro de dezembro de 1935)

S. tentava converter tudo em imagens; quando isso se revelava impossível, em "pequenas nuvens de vapor" ou "linhas". E todo este esforço era despendido na tentativa de alcançar o significado por meio dessas formas visuais. Havia também outro obstáculo no fato de que quanto mais tempo pensasse numa coisa, com mais persistência aquelas velhas e tenazes imagens da primeira infância lhe vinham à mente: imagens de Rezhitsa, de sua casa, onde, quando muito pequeno, lhe haviam lido histórias da Bíblia, e onde, pela primeira vez, tentara captar o sentido de idéias que sua mente tinha tanta dificuldade de entender. Consideremos, por exemplo, sua confusão com o seguinte trecho:

> Com relação à arte, sabemos que ela floresceu em períodos em que não houve a evolução correspondente no desenvolvimento da sociedade como um todo e, portanto, na base material desta última, que, por assim dizer, constituía o arcabouço de sua organização.

S. procurou interpretá-lo da seguinte maneira:

> Começava bastante bem... Por algum motivo, vinha-me a imagem de ruínas antigas de lugares onde Aristóte-

les e Sócrates viveram. Mas o que realmente vi foi a casa de Chaim Petukh, onde certa vez realizei estudos sobre a Antiguidade. Quando olhava para imagens de ruínas ali, via o Templo dos Macabeus. Mas era sobre arte que estávamos falando. Sempre obtenho uma imagem de Nero quando penso naqueles tempos; também do senado de Calígula reunindo-se em nossa sinagoga. Pois, em última instância, é o tipo de lugar onde o Sinédrio se reunia... Simplesmente não consigo concluir nada de toda essa sentença... Depois a "vida pública" – isto é, a "mentalidade social" – não se refletia na arte... As relações sociais e de classe dentro da sociedade não estavam refletidas na arte de seu tempo. Quanto a *arcabouço**, isso deve significar a carcaça de algo.

Mas, agora, quando o leio pela segunda vez, fica claro! Mesmo a palavra *arcabouço* parece secundária. Ainda assim, continuo a perceber como é abstrata a frase sobre "a base material da sociedade". É uma nuvem.

(Registro de junho de 1936)

De modo geral, porém, S. aprendeu a dominar a maior parte das coisas de que teve necessidade na vida: relacionou-se com pessoas, freqüentou cursos, submeteu-se a exames. Contudo, cada tentativa de avançar dos instáveis patamares de seu nível de compreensão para atingir uma certa consciência mais elevada foi árdua, pois a cada passo tinha de lutar contra imagens e sensações superficiais. Não há dúvida de que o pensamento figurativo e sinestésico de S. tinha seus pontos altos e baixos, e que ambos eram enfrentados com forças e limitações distintas.

....
* Em russo, a palavra é literalmente "esqueleto"; por isso, sua confusão. (N. da T. ingl.)

6. Seu controle do comportamento

Dedicamos algumas páginas à descrição dos pontos fortes e fracos da inteligência de S. Consideremos, agora, a influência das forças e fraquezas de sua imaginação sobre o controle de seu próprio comportamento.

Os dados objetivos

É bem possível que cada um de nós se lembre de algum teste simples que fez quando criança para tentar provar o poder de sua imaginação. Por exemplo, aquele teste em que a criança estende a mão, seus dedos segurando um barbante ao qual está amarrado um pequeno peso. A criança imagina que sua mão, que na verdade está parada, começou a se mover num movimento circular. Pouco a pouco, o peso começa de fato a se mover até que ganha velocidade e roda num movimento claramente circular. O que acontece é que o objeto é posto em movimento pela força da imaginação da criança. Os psicólogos, cônscios dos mecanismos por trás do ato "ideomotor", acreditam que boa parte do que está envolvido no misterioso ato conhecido como "leitura de pensamento" pode ser explicado em termos da leitura das expressões que a imaginação despertou no rosto da pessoa sob observação. Também existem, no campo da medicina psicossomática, muitas evidências indicativas de que, na Idade Média, uma forte imaginação era suficiente para produzir estigmas numa mulher histérica, e que, de forma geral, a imaginação pode induzir alterações nos processos somáticos. E as descrições das experiências dos iogues hindus apontam para o campo ainda inexplorado da força da imaginação.

Não surpreende, portanto, que com sua imaginação excepcionalmente viva, S. se mostrasse capaz de induzir em si mesmo certos movimentos corporais; que, por meio do seu poder de imaginação, tivesse um controle muito maior sobre seus próprios processos corporais do que o homem comum. Ele o descreve de maneira bastante simples:

> Se quero que algo aconteça, simplesmente imagino-o em minha mente. Não tenho de fazer qualquer esforço para realizá-lo – simplesmente acontece.
>
> (Registro de maio de 1934)

No entanto, poderia um experimentador apenas crer em suas palavras e não tentar verificar os limites e as possibilidades de controle que ele tinha sobre seu corpo? Os testes indicaram não se tratar de conversa fiada; S. conseguia regular, de forma arbitrária, sua atividade cardíaca e sua temperatura corporal. E tinha um controle bastante grande sobre isso.

O que segue é uma demonstração que ele nos fez de como conseguia alterar sua pulsação. Em estado de descanso, seu pulso era normalmente de 70-72. Mas, depois de uma leve pausa, conseguia acelerá-lo até chegar a 80-96, e por fim a 100. Nós também o observamos revertendo a velocidade. Seu pulso começou a diminuir, e depois de ter voltado à velocidade inicial, continuou a diminuir até se estabilizar em 64-66. Quando lhe perguntamos como o fizera, ele respondeu:

> Por que isso lhe parece tão estranho? Simplesmente vejo a mim mesmo correndo atrás de um trem que acabou de partir. Tenho de alcançar o último vagão para consegui-lo. Não é claro que, assim fazendo, meus batimentos cardíacos aumentem? Depois disso, vi a mim mesmo deitado na cama, totalmente imóvel, tentando adormecer... Podia me ver começando a pegar no sono... minha respiração tornou-se regular, meu coração começou a bater mais devagar e uniformemente...

E aqui temos outro experimento que ele realizou para nós:

> Vocês gostariam de me ver elevar a temperatura de minha mão direita e baixar a da esquerda? Comecemos...

(Registro de junho de 1938)

Usamos um termômetro para checar a temperatura de ambas as mãos, e verificamos que eram iguais. Dois minutos depois, ele disse: "Muito bem, comecem!" Colocamos o termômetro na pele de sua mão direita e descobrimos que a temperatura subira dois graus. Quanto à mão esquerda, depois de um intervalo de um minuto, S. anunciou que estava pronto: a leitura mostrou que a temperatura da mão esquerda caíra um grau e meio.

O que significava isso? Como era possível que ele controlasse a temperatura de seu corpo a seu bel-prazer?

>Vocês não têm com que se espantar. Vi-me colocando minha mão direita numa lareira quente... Ui, como estava quente! Portanto, é claro que a temperatura de minha mão aumentou. Mas eu estava segurando um pedaço de gelo na minha mão esquerda. Podia vê-lo ali, e comecei a comprimi-lo. E, naturalmente, minha mão esfriou...
>
>(Registro de junho de 1938)

Podia ele também usar essa capacidade como meio para reduzir a dor? S. nos relatou os métodos que usava para não sentir muita dor:

>Digamos que eu tenha de ir ao dentista. Todos sabem como é agradável ficar sentado ali enquanto ele vai perfurando nossos dentes. Antes, eu tinha medo de ir. Mas agora é tudo muito simples. Sento-me ali e, quando a dor começa, eu a sinto... é uma linha fina de um laranja avermelhado... Fico preocupado porque sei que, se isso continuar, a linha irá se alargar até tornar-se uma massa densa... Portanto, corto a linha, tornando-a cada vez menor, até que se converta num pequeno ponto. E a dor desaparece.
>
>Posteriormente, tentei outro método. Sentava-me na cadeira mas imaginava que não era eu quem ali se encontrava, e sim outra pessoa. Eu, S., apenas ficava por perto observando-"o" enquanto lhe obturavam os dentes. Ele que sinta a dor... Isso não dói em mim, entendem, mas "nele". Simplesmente não sinto dor alguma.
>
>(Registro de janeiro de 1935)

Devemos admitir que esses fatos nunca foram verificados em condições controladas. Contudo, pudemos confirmar, na presença de outros colegas, que S. conseguia alterar os processos por meio dos quais adaptava-se à escuridão, visualizando-se num quarto com diferentes graus de iluminação. E, quando se imaginava ouvindo um som agudo, evidenciava um reflexo cocleopupilar. Além disso, seu eletroencefalograma mostrava uma clara depressão das ondas alfa quando ele imaginava que uma luz ofuscante de 500 watts brilhava diante de seus olhos*.

A pesquisa fisiológica realizada por S. A. Kharitonov e seus colaboradores no Laboratório de Fisiologia da Clínica de Neurologia do Instituto Nacional de Medicina Experimental forneceu poucas indicações dos possíveis mecanismos responsáveis por esses fenômenos. Não foram encontradas alterações significativas do limiar de tato de S.; contudo, ele vivenciava o tato em termos de imagens gráficas (sinestésicas). Seus limiares de sensibilidade ao paladar e ao olfato estavam diminuídos, e os da adaptação visual revelavam uma alteração significativa: ele precisava de mais tempo para adaptar-se à escuridão. A estimulação da pele com filamentos de Frey não produzia nenhuma alteração significativa do limiar, mas, em vez de uma sensação aguda de toque, S. experimentava ondas que se ampliavam até abarcar vastas áreas de sua pele. Sua sensibilidade cutânea indicava uma inércia intensificada, ao passo que certos aspectos peculiares a sua experiência do tato indicam a prevalência de uma sensibilidade protopática. Os limiares de sua cronaxia óptica estavam dentro do normal, mas as sensações subjetivas despertadas em reação à estimulação elétrica da

....
* Esses experimentos foram realizados com a colaboração de S. A. Kharitonov, N. V. Rayeva, S. D. Rolle e A. I. Rudnik. Somos muito gratos por sua ajuda.

pele eram excepcionalmente intensas (em particular, se considerarmos que um aumento da intensidade dos estímulos não costuma produzir um aumento correspondente na sensação). Quando o limiar muda, ela permanece no mesmo nível por um período de tempo considerável, e as peculiaridades individuais de resposta são menos aparentes nos valores de limiar do que na dinâmica da excitação causada.

É evidente que tínhamos depositado grandes esperanças naquilo que a pesquisa objetiva das reações vegetativas, sensoriais e eletrofisiológicas de S. revelariam. Essas pesquisas, contudo, forneceram informações insignificantes e bastante indiretas, não nos proporcionando uma melhor compreensão dos notáveis fenômenos descritos nesse relato sobre S. Contudo, ocorre às vezes que a análise objetiva dos fatos sob investigação não se mostra à altura de nossas expectativas.

Voltemos, pois, ao nosso relato, e consideremos a psicologia dos fenômenos de que estivemos tratando, complementando o que já sabemos com informações sobre alguns traços curiosos observados em S.

Algumas palavras sobre a magia

Estivemos, até aqui, lidando com fatos observados por observadores objetivos. Mas como S. os via? Para tornar esse ponto de vista claro, teremos de fazer algumas digressões e considerar alguns pontos ainda não abordados em nosso relato.

Em cada indivíduo, existe uma linha divisória entre imaginação e realidade; para a maioria de nós, cuja imaginação tem limites claros, essa linha é bem definida. No caso de S., a fronteira entre ambas se rompera, pois as imagens que sua imaginação fazia surgir davam uma impressão de realidade.

    Era assim que as coisas tendiam a funcionar quando eu era menino e ia para a escola hebraica. Acordava e via que já era de manhã, e que tinha de me levantar... Olhava para o relógio e pensava: "Não, ainda tenho tempo, posso ficar na cama mais um pouco." E continuava a ver os ponteiros do relógio indicando 7h30, o que significava que ainda era cedo. Subitamente, minha mãe entrava e dizia: "O quê, você ainda não saiu? Daqui a pouco vai dar nove horas." Mas como eu podia saber disso? Eu via o ponteiro grande voltado para baixo – de acordo com o relógio, eram 7h30.

    (Registro de outubro de 1934)

    A viva imaginação do menino rompia os limites entre o real e o imaginário; e essa falta de distinção entre ambos produzia comportamentos um tanto estranhos por parte dele.

    E, se a linha entre imaginação e realidade se romper, não será possível que a distinção entre a imagem que se tem de si mesmo e a do outro venha a apagar-se ou, pelo menos, a atenuar-se?

    No caso de S., essa tendência evidenciava-se desde a primeira infância. Sabemos, decerto, que o pensamento "mágico" é natural em crianças pequenas, que para elas é muito fácil realizar, digamos, alguns truques de imaginação por meio dos quais, por exemplo, evitam que o professor as chame. A criança apenas tem de agarrar com força sua carteira e pensar que o olhar do professor já passou por ela. Isso nem sempre funciona, mas a criança pensará: "Não importa, talvez dê certo." É claro que S. viveu isso na escola elementar. Mas, enquanto esse pensamento é geralmente uma fase passageira, e fica guardado como uma mera lembrança da infância, como uma experiência situada entre uma brincadeira infantil e um agradável tipo de "magia" ingênua, no caso de S. a tendência persistiu. E ele mesmo não conseguia saber se acreditava nisso ou não.

> Tínhamos um professor chamado Friedrich Adamovich, e costumávamos aprontar com ele. "Quem fez isso?", perguntava ele. Ele entrava na sala, e eu pensava: "Agora ele me pega." Com toda minha força, fixava o olhar nele, levando-o a pensar: "Não, ele não fez nada..." Eu o via desviar-se de mim e olhar para outro lado. "Não, desta vez ele não me pega", pensava eu.

Muitas vezes S. se pegou cometendo atos que pareciam ser um truque de imaginação, mas que ainda assim ele tendia a levar muito a sério. Em suas próprias palavras:

> Para mim, não há grande diferença entre as coisas que imagino e o que existe na realidade. Com freqüência, se imagino que algo vai acontecer, de fato acontece. Tomemos, por exemplo, aquela vez em que comecei a discutir com um amigo, argumentando que com certeza a moça do caixa me dera troco demais. Conseguia imaginá-lo em detalhes, e ela de fato me dera demais – troco de 20 rublos em vez de 10... É claro que me dou conta de que se trata de um acaso, de uma coincidência, mas lá no fundo também acho que é porque vi as coisas acontecerem assim... E, se não consigo fazer uma coisa acontecer, tenho a impressão de que isso se deve ao fato de estar cansado, ou

distraído, ou porque a vontade da outra pessoa estava voltada para alguma outra coisa.

(Registro de janeiro de 1938)

Às vezes, chego a pensar que sou capaz de curar-me, desde que imagine a cura com suficiente clareza. Posso, inclusive, tratar de outras pessoas. Quando começo a ficar doente, imagino que a doença está passando... e pronto, já passou, estou bem. E, na verdade, não fico doente.

Certa vez, quando planejava ir para Samara, Misha [seu filho] ficou com dor de estômago. Chamamos um médico, mas ele não conseguiu descobrir qual era o problema... Mas era tão simples. Eu lhe servira algo cozido com toucinho. Conseguia ver os pedaços de toucinho em seu estômago... pensei comigo mesmo que podia ajudá-lo. Queria que os digerisse... Criei uma imagem mental e vi o toucinho dissolvendo-se no seu estômago. E Misha melhorou. Sei que não foi isso que aconteceu... mas, assim mesmo, vi tudo.

(Registro de fevereiro de 1938)

Quantos momentos de pensamento "mágico" ingênuo devem ter ocorrido em sua vida quando sua imaginação conseguia convencê-lo de algo, mesmo que sua razão o descartasse. Uma pequena dúvida permanecia; em alguma parte recôndita de sua consciência, ele continuava a sentir: talvez seja realmente verdade? Quantos recessos estranhos haveria, na mente desse homem, nos quais a imaginação se tornava realidade para ele?

7. Sua personalidade

Passemos agora para a última parte de nosso relato, que, embora seja aquela sobre a qual menos sabemos, talvez venha a mostrar-se a mais interessante.

Ainda que de alcance limitado, existe uma vasta bibliografia sobre ilustres mnemonistas. Assim, os psicólogos conhecem bem os nomes Inodi e Diamandi, bem como a literatura sobre o mnemonista japonês Ishibara. Contudo, os psicólogos que escreveram sobre esses mnemonistas trataram apenas de sua memória e imaginação, de sua incrível capacidade de fazer cálculos mentais; nenhum deles forneceu qualquer informação sobre a personalidade desses indivíduos.

Que tipo de homem era Inodi? Como transcorreu a vida pessoal de Diamandi? Que traços de personalidade distintos possuía Ishihara? Qual o seu modo de vida?

Os conceitos básicos da psicologia clássica contribuíram para uma profunda cisão entre as teorias sobre funções psíquicas específicas e as teorias sobre a estrutura da personalidade, aparentemente com a implicação de que os traços individuais de personalidade pouco dependem da natureza dessas funções psíquicas; de que um indivíduo que demonstra surpreendentes peculiaridades de memória no laboratório pode, na vida cotidiana, não ser diferente de qualquer outro.

Contudo, será isso verdade? Será correto pensar que a existência de uma memória figurativa e de uma sinestesia extraordinariamente desenvolvidas não tenha qualquer efeito sobre a estrutura da personalidade do indivíduo? Pode uma pessoa que "vê" tudo, que não consegue entender algo a menos que a impressão que isto provoca "transpire" por todos os órgãos dos sentidos; que precisa sentir um número de telefone na ponta da língua antes de poder lembrar-se dele – pode tal pessoa desenvolver-se como as outras? Será que podemos dizer que suas experiências de freqüentar a escola, fazer amigos e assumir uma profissão na vida eram parecidas com as das outras pessoas; que seu mundo interior e sua história de vida desenvolveram-se como os dos outros? Já de início, tal suposição nos parece muito improvável.

Um indivíduo cuja percepção consciente é tal que um som se mistura com um sentido de cor e gosto; para quem cada impressão evanescente engendra uma imagem viva e inextinguível; para quem as palavras têm significados bastante diferentes daqueles que têm para nós – uma pessoa assim não pode amadurecer da mesma maneira que os outros, e tampouco seu mundo interno e sua história de vida serão iguais aos dos outros. Uma pessoa que "viu" e experimentou a vida sinestesicamente não pode entender as coisas da mesma maneira que o resto de nós, e tampouco tende a experimentar a si mesma e às outras pessoas do mesmo modo como o faríamos.

De que maneira, precisamente, a personalidade e história de vida de S. se desenvolveram? Comecemos a história de seu desenvolvimento com um incidente de sua infância:

> É de manhã... tenho de ir para a escola. Logo serão oito horas. Tenho de me levantar, vestir-me, colocar minha capa e boné, minhas galochas... Não posso ficar na cama. Começo a ficar zangado, pois percebo que tenho de ir para a escola... Mas, por que "ele" deveria ir? Não, não irei. Ele irá levantar-se e vestir-se. Aí está ele, ele está apanhando a capa e o boné, colocando as galochas. Agora ele partiu. Portanto, tudo está como deve ser. Fico em casa, e "ele" sai. Mas, de repente, meu pai entra e diz: "Já é tarde, e você ainda não foi para a escola?"
>
> (Registro de outubro de 1934)

O menino era um sonhador cujas fantasias tomavam corpo em imagens muito vivas, que constituíam elas mesmas um outro mundo no qual ele transformava as experiências da vida cotidiana. Dessa maneira, ele tendia a perder de vista a distinção entre o que fazia parte da realidade e o que só ele podia "ver".

> Esse foi um dos hábitos que mantive por muito tempo; talvez eu ainda o faça. Olhava para um relógio, e por um longo período de tempo continuava vendo os ponteiros parados no mesmo lugar, sem perceber que o tempo passara... É por isso que estou quase sempre atrasado.
>
> (Registro de outubro de 1934)

Afinal de contas, como poderia S. adaptar-se a impressões que mudavam tão rapidamente, quando as imagens que delas emergiam eram tão vivas que podiam facilmente tornar-se realidade para ele?

Eles sempre me chamavam de *kalter nefesh* [em iídiche, "um pato frio"]. Digamos que haja um incêndio e eu ainda não tenha começado a entender o que é um incêndio (pois teria de tê-lo visto primeiro, entende?). Se, naquele momento, eu ainda não tivesse visto um incêndio, eu teria reagido com sangue frio às notícias.

(Registro de junho de 1934)

Sabemos que uma imaginação criativa – aquele tipo de imaginação que existe nos grandes inventores – opera de uma maneira muito próxima da realidade. Mas existe outro tipo de imaginação cuja atividade não se volta para o mundo exterior, mas é alimentada pelo desejo e torna-se um substituto da ação ao fazer com que esta pareça inútil. Com efeito, quantos sonhadores ociosos vivem num mundo imaginário, transformando suas vidas num "sonho desperto", consumindo seu tempo em fabulações.

Dadas as experiências sinestésicas difusas de S. e suas imagens intensamente sensíveis, como poderia ele não se tornar um sonhador? Seus sonhos não eram do tipo que leva simplesmente à ociosidade; transformavam-se num substituto da ação na medida em que se baseavam nas suas experiências de si mesmo, que eram convertidas em imagens. É essa qualidade de fantasia que assinalamos no incidente mencionado vários parágrafos acima.

Eu tinha de ir para a escola... Via-me aqui, enquanto "ele" tinha de sair para ir para a escola. Estou zangado com "ele" – por que demora tanto para aprontar-se?

Eis aqui outro incidente de sua infância:

Estou com 8 anos. Estamos de mudança para um novo apartamento. Não quero ir. Meu irmão pega-me pela mão e leva-me para o cabriolé que espera lá fora. Vejo o condutor mastigando uma cenoura. Mas eu não quero ir... Fico na casa – isto é, vejo como "ele" está na janela de meu antigo quarto. Ele não vai a parte alguma.

(Registro de outubro de 1934)

Esse tipo de cisão entre o "eu" que ordena e o "ele" que executa (que o "eu" em S. visualizava) persistiu ao longo de toda a sua vida. "Ele" saía quando necessário; "ele" lembrava as coisas; o "eu" apenas instruía, dirigia, controlava. Se não conhecêssemos os mecanismos psicológicos subjacentes a essas nítidas "visões" gráficas de S., que examinamos tão minuciosamente aqui, poderíamos facilmente tê-lo considerado uma dessas "personalidades múltiplas" com as quais os psiquiatras lidam, e com as quais o modo particular de S. "desligar-se" tinha tão pouco em comum.

Sua capacidade de "ver-se" dessa forma, de "desligar-se", de converter suas experiências e atividades na imagem de outra pessoa que executava suas instruções – tudo isso lhe era de grande ajuda para regular seu comportamento. Pudemos ter uma idéia disso quando observamos como ele era capaz de controlar seus processos vegetativos e eliminar a dor, transferindo-a para outra pessoa.

Às vezes, contudo, esse "desligar-se" interferia em sua possibilidade de ter um controle absoluto do seu comportamento. A situação a seguir é eloqüente a esse respeito.

Observem a seguinte situação. Estou sentando no seu apartamento, mergulhado em meus próprios pensamentos. Você, como bom anfitrião, pergunta: "O que achou destes cigarros?" "Mais ou menos, um tanto..." Ou seja, eu nunca diria isso, mas "ele" sim. É uma falta de tato, mas não tenho como explicar-lhe o deslize. Pois "eu" entendo as coisas, mas "ele" não. Se me distraio, "ele" diz coisas que não deveria.

(Registro de outubro de 1934)

Em tais circunstâncias, uma breve distração era o suficiente para que o "ele" que S. via lhe fugisse ao controle e começasse a funcionar automaticamente. Também havia muitas situações nas quais as imagens que emergiam na mente de S. o desviavam do tema da conversa. Em tais momentos, seus comentários tornavam-se uma barafunda de detalhes e irrelevâncias; ele se tornava loquaz, entrava em intermináveis digressões e acabava tendo de fazer um enorme esforço para voltar ao tema da conversa.

S. sabia que era loquaz; sabia que tinha de manter-se alerta para não se desviar de um assunto. Às vezes, no entanto, isso era quase impossível. Eu, como seu observador, e os estenógrafos que transcreviam nossas conversas, tínhamos plena consciência disso; ao reunir o material para este relato, percebi a dificuldade de fazer uma separação entre o que era essencial em minhas conversas com S. e aquilo que não passava de intermináveis digressões. Ele explicava sua tendência a digressionar da seguinte maneira:

> Tudo isso torna impossível ater-me ao assunto que estamos discutindo. Não que eu seja tagarela. Digamos que você me pergunta sobre um cavalo. Também tenho de considerar sua cor e gosto. E isso produz um tal volume de impressões que, se "eu" não tomar as rédeas da situação,

não chegaremos a lugar algum. "Ele", veja, não percebe quando perdeu o rumo. Tenho de lidar não apenas com a palavra *cavalo*, mas também com seu gosto, com a estrebaria em que se encontra – de que não consigo me afastar... Só muito recentemente aprendi a acompanhar uma conversa e ater-me ao assunto.

(Registro de maio de 1939)

Havia também inúmeras situações nas quais as imagens muito nítidas que via entravam em conflito com a realidade, impedindo-o de levar adiante uma ação para a qual, por outro lado, estava preparado.

Tinha de ir ao tribunal tratar de uns negócios... um caso muito simples que eu poderia ter ganho. Preparei o que iria dizer... Eu conseguia ver toda a cena do tribunal. (Não posso lidar com as coisas de outro modo.)... Ali estava a grande sala do tribunal: as fileiras de cadeiras, a mesa do juiz à direita. Eu me encontrava à esquerda, e falava. Todos ficavam satisfeitos com as provas por mim fornecidas, e eu ganhava... Mas tudo aconteceu de forma totalmente diferente do que eu esperava. Quando entrei na sala do tribunal, o juiz não estava sentado à direita, mas à esquerda, de forma que tive de falar do outro lado da sala... Nada era do jeito que eu vira, e simplesmente perdi a cabeça. Não consegui expor meu ponto de vista, e, naturalmente, perdi a causa.

(Registro de maio de 1939)

Era muito comum que as impressionantes imagens de S. não coincidissem com a realidade; com muita freqüência, tendo confiado nelas, descobria-se incapaz de lidar com as circunstâncias. O incidente no tribunal foi um exemplo particularmente vivo, mas era típico do tipo de incidentes com que S. teve de deparar-se durante toda a sua vida. Era precisamente seu desamparo nessas ocasiões que, como ele tantas vezes se queixou, levava as pessoas a verem-no como um indivíduo estúpido, desastrado e um tanto desligado.

Contudo, sua compreensão instável da realidade e as implicações realistas de suas fantasias tinham um efeito ainda mais profundo sobre o desenvolvimento de sua personalidade. Pois ele vivia à espera de algo que, tinha certeza, cruzaria seu caminho, entregando-se, portanto, muito mais a devaneios e "visões" do que à praticidade da vida. Sua sensação de que algo de particularmente bom estava prestes a acontecer permaneceu com ele a vida toda – algo que resolveria todos seus problemas e tornaria sua vida simples e clara. Ele "via" isso e esperava... Assim, tudo que fazia na vida era apenas "temporário", era o que tinha de fazer até que o esperado finalmente acontecesse.

> Li muito, e sempre me identifiquei com um dos heróis. Pois, como você sabe, eu os via. Mesmo aos 18 anos, eu não conseguia entender como um amigo podia se satisfazer estudando para ser contador, outro para representante comercial. Pois o que importa na vida não é uma profissão, mas algo de bom, de grandioso, que irá me acontecer... Se, aos 18 ou 20 anos, eu me considerasse preparado para o casamento e uma condessa ou uma princesa concordasse em casar-se comigo – nem mesmo isso teria me impressionado. E se eu estivesse destinado a algo de muito mais grandioso? Tudo que viesse a fazer – escrever artigos, tornar-me um astro do cinema – seriam apenas ocupações passageiras.

Numa determinada época, estudei o mercado de valores, e quando demonstrei que tinha boa memória para os preços da Bolsa, tornei-me corretor. Mas isso foi apenas algo que fiz durante um certo tempo para ganhar a vida. Quanto à vida real – isso é outra coisa. Mas tudo transcorria em sonhos, não na realidade...

Durante boa parte do tempo minha atitude era passiva, eu não compreendia que o tempo estava passando. Todos os empregos que tive eram um mero trabalho que eu estava fazendo "no entretempo". A sensação que eu tinha era: "Tenho só 25 anos, só 30 – tenho a vida toda pela frente." Em 1917, fiquei feliz em ir para o interior. Decidi juntar-me ao movimento. Portanto, estive no Proletcult, dirigi uma gráfica, tornei-me repórter, vivi um tipo de vida especial por um certo tempo. Mas mesmo agora, quando me dou conta de que o tempo está passando e que eu poderia ter realizado uma porção de coisas – mesmo agora não trabalho. Sempre fui assim.

(Registro de dezembro de 1937)

Portanto, ele continuou desorganizado, mudando de emprego dezenas de vezes – todos eles "temporários". A pedido do pai, entrou para a escola de música; mais tarde, foi para o teatro, onde atuou em espetáculos de variedades; depois, foi um técnico eficiente, e posteriormente tornou-se mnemonista. Num determinado momento, lembrando que sabia hebraico e aramaico, tirou proveito de textos antigos nessas línguas e começou a tratar pessoas com ervas.

Tinha uma família – uma boa esposa e um filho que era um sucesso –, mas também isso era percebido por ele em meio a uma bruma. Com efeito, seria difícil dizer o que era mais real para ele: o mundo da imaginação no qual vivia, ou o mundo da realidade no qual não passava de um hóspede temporário.

A psicologia ainda precisa tornar-se uma ciência capaz de lidar com os aspectos realmente vitais da personalidade humana. Ainda tem de aprender a retratar a natureza da personalidade de forma tal que a função de cada traço individual possa ser relacionada com a estrutura da personalidade como um todo. Da mesma maneira, ainda tem de alcançar um ponto em que as leis do desenvolvimento da personalidade sejam tão precisas e inteligíveis quanto as que se aplicam à síntese de substâncias químicas complexas.

O desenvolvimento de tal psicologia é uma tarefa para o futuro, e nos dias atuais fica difícil dizer de quantas décadas precisaremos para conseguir realizá-lo. Pois o progresso necessário para que tenhamos uma psicologia científica da personalidade implica vários desvios da principal linha de estudo, muitas áreas de pesquisa que irão mostrar-se de difícil abordagem. Mas não resta dúvida de que a pesquisa sobre a maneira como um desequilíbrio dos aspectos individuais do desenvolvimento afeta a formação da estrutura da personalidade, uma descrição do processo mediante o qual uma "síndrome" de personalidade se cria, virá a constituir-se num importante método de abordagem.

Talvez este relato de um homem que "via" tudo possa ter dado sua contribuição para o difícil percurso que temos pela frente.